INKE HUMMEL

MITEINANDER DURCH DIE PUBERTÄT

GELASSENER BEGLEITEN, WENIGER STREITEN, IN KONTAKT BLEIBEN

SO BLEIBEN DEIN KIND UND DU EIN TEAM!

humboldt

INHALT

VORWORT VON NORA IMLAU

Bindung ist der Schlüssel

Es gibt unzählige Wege, gute Eltern zu sein. Doch das Fundament gelingenden Familienlebens ist immer gleich: Damit wir uns miteinander wohlfühlen, braucht es eine sichere Bindung als Basis.

Bindung bedeutet Sicherheit. Das Gefühl, zusammenzugehören, was immer geschieht, trägt Familien auch durch schwere Zeiten.

Bindung bedeutet Beziehung, Verbundenheit, Vertrauen. Kinder, die sicher gebunden großwerden, erleben ihr Elternhaus als sicheren Hafen, aus dem sie selbstbewusst aufbrechen, in den sie aber auch immer angstfrei zurückkehren können.

Bindung bedeutet Stabilität trotz beständigen Wandels. Denn so wie sich die Eltern-Kind-Beziehung im Laufe der Jahre wandelt, so verändert sich auch die Bindung mit, passend zu den Bedürfnissen selbstständig werdender Kinder und älter werdender Eltern.

Wenn wir über Bindung sprechen, dann reden wir meist über ganz kleine Kinder. Und es ist ja auch wahr, dass in den ersten Lebensjahren ganz entscheidende Meilensteine im Bindungsaufbau passieren. Indem wir feinfühlig und prompt auf unsere Babys reagieren, stärken wir ihr Vertrauen in uns und die Welt. Durch den ganz engen Körperkontakt, der für die allerersten Lebensmonate typisch ist, spüren wir unsere enge Verbundenheit jeden Tag am eigenen Leib. Und wenn wir unsere kleinen Kinder trösten und beruhigen, ins Bett bringen und einkuscheln, wenn wir mit ihnen schmusen und spielen, fühlen wir sie in jeder Pore unseres Körpers, die ganz besondere Verbindung zwischen uns.

Doch je älter Kinder werden, desto weniger wird über ihre Bindungsbedürfnisse gesprochen. Als gingen wir davon aus, der Aufbau einer guten Bindung sei irgendwann einfach abgeschlossen. Das spiegelt sich auch in der aktuellen Ratgeberliteratur wider: Bücher über die Bedürfnisse von Babys gibt es unzählige. Über Kleinkinder gibt es dann schon weniger, über Schulkinder noch weniger – und dann fällt das Thema Bindung nahezu völlig unter den Tisch. Dabei ist es unglaublich wichtig, die Bindung zu unseren Kindern auch in jener spannenden Umbruchphase zu fördern und zu pflegen, in der sie langsam erwachsen werden.

Deshalb bin ich so froh über dieses Buch, in dem die erfahrene Pädagogin Inke Hummel die Bindungsbedürfnisse von Kindern und Jugendlichen vom Beginn der Pubertät an genau unter die Lupe nimmt und Eltern ganz praktische Hinweise an die Hand gibt, wie sie auch diese stürmische Zeit im Leben ihres Kindes bindungsstark begleiten können. Denn auch wenn uns unsere Kinder irgendwann im wahrsten Sinne des Wortes über den Kopf wachsen, brauchen sie uns noch immer als liebevolle und wertschätzende Wegbegleiter.

Das klingt so logisch und ist doch so schwer zu leben. Denn Teenager sind herausfordernde Zeitgenossen. Sie sind nicht mehr so klein und süß, dass wir ihnen jeden Wutausbruch leichten Herzens verzeihen – und brauchen unsere Großherzigkeit trotzdem nicht weniger als damals mit drei Jahren. Sie kämpfen vehement für ihre Freiheiten – und fühlen sich gleichzeitig schnell alleingelassen, wenn wir sie einfach alles machen lassen, wonach ihnen gerade der Sinn steht. Sie verstehen sich oft selbst nicht mehr, sind voller Widersprüche und Selbstzweifel – und wollen doch nicht von uns sortiert und aufgeräumt werden.

All das versteht Inke wie keine andere.

Und das liegt an ihrer unglaublichen Herzensbildung, die ihr umfassendes entwicklungspsychologisches Wissen in einmaliger Art ergänzt. Inke analysiert nicht nur, was in der Eltern-Kind-Beziehung vor sich geht. Sie fühlt sich ein, schwingt mit. Sie sieht Eltern und Kinder, wie sie wirklich sind, mit all ihren Brüchen und Widersprüchen. Sie bewertet nicht und mahnt keine unerfüllbaren Standards an, sondern lädt dazu ein, das Bestmögliche möglich zu machen, mit den Ressourcen, die da sind. Das macht ihre Arbeit nicht nur unglaublich entlastend, sondern richtiggehend heilsam.

Wenn ich Eltern, die sich hilfesuchend an mich wenden, an Inke und ihr pädagogisches Beratungsangebot verweise, bekomme ich immer wieder Rückmeldungen voller tiefer Dankbarkeit: „Wir hätten nie gedacht, wie viel Gutes aus so einer Familienbegleitung erwachsen kann!" Häufig höre ich, dass Eltern sich an Inke gewandt haben, um ihr Kind besser zu verstehen – um plötzlich festzustellen, dass sie in der Arbeit mit ihr vor allem ganz viel über *sich selbst* gelernt haben.

Denn Inkes Ansatz ist es nicht, an einzelnen Symptomen herumzuschrauben, sondern Familien als individuelle und hochkomplexe Systeme zu begreifen.

Wenn Eltern unsicher sind, spiegelt sich das im Verhalten ihrer Kinder. Trauen die Erwachsenen in einer Familie sich nicht, ihre eigenen Grenzen zu zeigen, machen sich Heranwachsende auf die Suche nach eben diesen Grenzen. Und stimmt etwas in der Beziehung zwischen den Elternteilen nicht, hat auch das Einfluss auf die Entwicklung ihrer Kinder.

In der pädagogischen Arbeit mit Eltern ist es unglaublich leicht, in die Schuldfalle zu tappen. Wer ist der Böse, wer ist der Gute in der Eltern-Kind-Beziehung? Welcher Elternteil hat den Fehler gemacht?

Mit viel Achtsamkeit und Feinfühligkeit löst Inke dieses Schulddenken auf und führt Eltern stattdessen dahin, Verantwortung für sich selbst und ihre eigenen Gefühle zu übernehmen, um ihren Kindern die Eltern sein zu können, die sie brauchen. Dabei weiß sie als Mutter dreier eigener, sehr unterschiedlicher Kinder aus eigener Erfahrung, dass längst nicht jeder Teenie das Gleiche von uns braucht. Sondern dass zur lebendigen Beziehungspflege auch gehört, jedes Kind in seinen individuellen Bedürfnissen zu sehen und sich immer wieder darum zu bemühen, ihm das Gegenüber zu sein, das es *jetzt gerade* benötigt.

Als Mutter von vier Kindern, von denen das älteste gerade an der Schwelle zur Pubertät steht, sage ich deshalb auch ganz persönlich aus tiefstem Herzen Danke für dieses Buch, das auch mir dabei hilft, meinen Weg durch die Herausforderungen der vor uns liegenden Jahre zu finden. Einen Weg, den wir vor vielen Jahren mit einer kuscheligen Babyzeit eingeschlagen haben und von dem ich mir wünsche, dass er genauso achtsam und liebevoll weitergeht, wie er einst begann.

Bindung ist der Schlüssel zum Familienglück,
davon bin ich zutiefst überzeugt.

Und mit diesem Buch weist Inke Hummel Eltern den Weg, wie sie ihn finden und bewahren können. Viel Freude beim Lesen!

Nora Imlau

DIE PUBERTÄT – WAS IST DAS EIGENTLICH?

Dein Kind steckt mitten in der Pubertät oder zeigt zumindest die ersten Ansätze von jugendlichem Aufbegehren? Du machst dir Sorgen und suchst Hilfestellung? Sei dir einer Sache bewusst: Du bist nicht allein!

Diese Entwicklungsphase unserer Kinder ist für die meisten Eltern wohl eine beängstigende Zeit. Sie ist gedanklich beladen mit vielen möglichen Problemen und Konfliktherden.

Zum Glück ist das Selbstverständnis vieler Eltern über die letzten Jahre oder auch Jahrzehnte ein anderes geworden. Und auch unser Bild der Eltern-Kind-Beziehung ist nicht mehr das gleiche wie in unserer eigenen Jugendzeit.

Vielleicht liegt die Angst vor der Pubertät in unseren Köpfen auch daran, dass immer nur jene Teenies auffallen und uns in Erinnerung bleiben, die über die Stränge schlagen. Denn „so ein Kind“ will man selbst nicht! Und vielleicht empfinden wir die Pubertät deshalb als besonders gruselig, da das häufig beschriebene Zuviel im Verhalten der Teenies durchweg als gefährlich aufgefasst wird. Dabei ist es nicht schlimm, Risiken einzugehen, sondern oft okay und sogar wichtig für diese Lebensphase. Die Jugendlichen sollen sich doch ausprobieren. Grenzen erkennt man, indem man sie auch mal überschreitet. Und: Die wenigsten kommen komplett vom Weg ab!

Waren wir Eltern so anders damals im gleichen Alter?!

Beziehung und Bindung als Leitmotive

In Beziehung zu bleiben und Wert auf Bindung zu legen ist heutzutage das Leitmotiv! Und diese Art des Umgangs miteinander in der Familie muss nicht nach dem Babyjahr enden, sondern kann unsere Grundhaltung sein, bis unsere Kinder das Haus verlassen. Und noch darüber hinaus.

Beziehung meint vor allem unser gutes Miteinander und In-Kontakt-Sein. Bindung heißt zudem die sichere, möglichst prompte Verlässlichkeit und feinfühlige Verbindung als Basis für das Heranreifen des Kindes. Dazu später noch mehr.

Was kann der intensive Blick auf Beziehung und Bindung genau für eine Familie bedeuten? Und: Ist das nicht einfach nur „Kuschelpädagogik“?

„Geht nicht!“, sagen Verfechter von eher autoritären Erziehungsmodellen, bei denen sich Eltern zu sehr darauf fokussieren, eine enge, gute Beziehung zu ihren Kindern im Jugendalter zu haben. Aber das zeigt nur, dass sie die Haltung dahinter nicht verstanden haben. Wer meint, es ginge nur darum, die Wünsche der Kinder zu befriedigen, damit sie nicht aufbegehren, ist auf einem völlig falschen Weg.

Das sind Vorurteile:

- Man hat *nur* die Teenager im Blick.
- Man vermeidet Konflikte, um die Teenager in Watte zu packen.
- Man redet – und handelt – den Teenagern quasi beständig nach dem Mund.

Das alles stimmt so nicht. Wären diese Vorurteile wahr, würden wir Eltern uns selbst verlieren! Und unsere Teenies blieben orientierungslos. Das kann niemand wollen. Wenn man sich auf das Miteinander konzentriert sowie auf das, was unsere Kinder emotional von uns brauchen, und wir nicht zuletzt auch unsere elterlichen Bedürfnisse beachten, **ist echtes In-Beziehung-Bleiben eine Chance!**

Es bietet die Möglichkeit, die gute Bindung der ersten Jahre auch in der Pubertät fortzuführen und zu festigen.

Das ist dein Job!

Wir müssen das Geschehen als unsere Aufgabe annehmen. Wenn wir dann zudem nicht vergessen, uns gut um uns selbst zu kümmern (sogenannte „Selbstfürsorge" zu betreiben), sollten wir Eltern die Kraft für möglichst viel Gelassenheit haben. Damit geben wir unserer Familie die Möglichkeit, jeden Konflikt und jeden Stresspunkt als echte Chance zu sehen.

Als Chance auf:

- Veränderung – in uns und den Kindern
- persönliches Wachsen aller Beteiligten
- Fortschritt
- elterliches „Überflüssigwerden" in etlichen Bereichen
- neuartiges Zusammenwachsen und Bindung bis ins Alter
- gelungenes Ablösen und Ichwerden unserer Teenager
- Verbesserung der Beziehung und des gegenseitigen Verständnisses
- ein beständiges Gefühl unserer Kinder, sich auch als Teenager weiterhin willkommen zu fühlen
- einen gemeinsamen Alltag ohne ständiges Zornigsein und Vor-Wut-Explodieren
- In-Beziehung-Bleiben

So muss die Pubertät kein angstbeladener Zeitraum werden. Sie ist notwendig und kann positiv gelebt werden!

Vielleicht wird sie eine sehr arbeitsintensive, anstrengende und kräftezehrende Zeit sein. Doch wenn wir im Hinterkopf haben, warum sie notwendig für die Entwicklung eines Kindes ist und welchen Gewinn die Pubertät bringen wird, können wir leichter durch sie hindurchgehen. So ist auch Platz, all die guten Seiten wahrzunehmen, die uns diese Etappe im Leben unserer Kinder bietet.

Was sagen andere Eltern?

Jule (36), Mutter eines zwölfjährigen Mädchens, über die Pubertät ihrer Tochter:

Klar ist unsere Tochter auch launisch, diskussionsfreudig und halt ein pubertärer Teenie. Aber am Ende des Tages stimmt einfach das Miteinander zwischen uns, zwischen ihr und den jüngeren Geschwistern. Und das macht es glaub ich aus. Ganz wichtig finde ich dabei, dass wir Eltern uns auch immer wieder einen Moment Zeit nehmen, Situationen zu regeln, eigenes Verhalten und Ansprüche zu überdenken. Wir müssen mit unseren Kindern wachsen und sie Stück für Stück in die Welt hinausbegleiten. Dann klappt das schon irgendwie. Aber irgendwie gut!

Die Pubertät ist nicht das Übel schlechthin. Es wäre daher wünschenswert, den Begriff anders zu deuten.

Keine Angst vor der Pubertät

Ja: Kraftraubend wird es wahrscheinlich, denn in guten Beziehungen aufwachsende Jugendliche sind nicht „brav“, sondern meinungsstark. Doch all diese Verhaltensweisen sind so wichtig für die Charakterbildung des Kindes. Die Pubertät birgt neben dem Stress ebenso viele gute Gelegenheiten. Wir müssen keine Angst vor ihr haben! Wir müssen auch keine Angst vor „Fehlern“ haben. Stolpersteine gehören dazu, nicht jedes Fallen kann und muss von uns verhindert werden. Perfektion wird es niemals geben. Wechsel von Gefühlen des Scheiterns hin zu Glücksmomenten sind normal. Alles ist ein Lernprozess, gerade auch für uns Eltern.

Auch schlechte Erfahrungen sind wichtig zur Wegänderung. Gegebenenfalls sogar professionelle Hilfe zu einem Thema in Anspruch zu nehmen ist ein Zeichen von Stärke. Alles zusammen macht uns zu den Menschen und der Familie, die wir sind.

Dieses Buch will hier Klarheit schaffen. Denn bei einer Elternschaft in enger Verbindung und ohne autoritäres Machtgefälle ist es definitiv essenziell, alle im Blick zu haben – Groß und Klein:

- Wir wollen beständig so gut wie möglich in Beziehung bleiben.
- Wir wollen ehrlich zeigen, was wir Eltern brauchen.
- Wir wollen sehen, was die Kinder benötigen.
- Wir wollen ihnen ver- und nicht misstrauen, sie nicht ständig kritisieren, niedermachen oder gar beschämen, sondern konstruktiv alle auftauchenden Probleme angehen.

Dann können wir als Familie gemeinsam wachsen und ein Team bleiben. Dann können wir als Eltern gelassen erziehen, liebevoll begleiten und mit unseren Kindern weniger auf Konfrontationskurs gehen, seltener und vor allem sinnvoller streiten.

Dabei muss man kein Konzept abarbeiten, sondern vorrangig seine eigene Haltung hinterfragen und falls nötig neu justieren sowie bestimmte Alltagsmomente anders, nämlich stärker in Beziehung angehen. Das beugt schon vielen typischen Problemsituationen vor! Die Pubertät fällt dann vielleicht nicht ganz als „übles Schreckgespenst" aus.

Wie kann das gelingen?

Wir blicken:

- im Kapitel „So verändert sich meine Elternrolle" auf die Bereiche, die sich für uns Eltern verändern sowie auf den Begriff *Beziehung* im Vergleich zu *Erziehung* und im Kapitel „Durch den Alltag der Pubertät" auf Grundlagen von Elternschaft in Beziehung und Bindung,
- im Kapitel „Durch den Alltag der Pubertät" darauf, wie es uns Eltern gelingt, loszulassen und unseren Kindern Flügel zu geben,

- im Kapitel „Gruppendruck und Sucht: Wie gehen Teenager stark ins Leben?“ auf die sieben wichtigsten Voraussetzungen für ungefährliches Verhalten,
- und im Kapitel „Medien, Schule, Alkohol: Wie vermeide ich konkrete Konfliktsituationen?“ auf die anstrengenderen Themen im Zusammenleben mit Heranwachsenden.

SO VERÄNDERT SICH MEINE ELTERNROLLE

Natürlich bleibt auch in der Pubertät der Fokus auf einer guten Bindung und einer engen Beziehung. Und dennoch ändert sich unser Verhalten im Vergleich zum Kleinkindalter deutlich. Und das muss es auch!

Wir Eltern müssen langsam in die neue Situation hineinwachsen. Es ist leider so: **Eltern verlieren ihre Stellung im Leben der Kinder.** Obgleich sie wichtig bleiben, wird ihr Platz in der Regel deutlich kleiner. Wir müssen Kontrolle abgeben und meist auch damit zurechtkommen, dass die vom Teenie gezeigte Liebe nicht die gleiche Intensität hat wie in den Jahren zuvor.

Der Teenager löst sich von uns und wurzelt woanders – das ist unsere Herausforderung. Die Bindung wird vermutlich anders, lockerer – aber bedeutet keine Ablehnung. Und sie kann ja auch wieder enger werden, wenn die Pubertät erst einmal überstanden ist!

Vom Kind zum Teenie – auf eigenen Wegen

Gleichaltrige werden wichtiger. Sie werden jetzt stärker vom Teenie selbst gewählt, anstatt durch Aktivitäten gefunden zu werden, die wir Eltern anleiten. Und sie werden nicht nur zu Freunden, sondern teilweise auch zur ersten Liebe. Dies sollten wir begrüßen und offen begleiten.

Statt mit uns zu kooperieren, geht das heranwachsende Kind vermehrt eigene Wege, will und muss sich ausprobieren. Wir Eltern sollen natürlich weiterhin unsere Meinung sagen. Aber wir müssen vermutlich immer öfter eine andere Sichtweise unserer Kinder tolerieren. Wie in allen Beziehungen müssen wir hinnehmen, dass Uneinigkeit dazugehört und normal ist und die Grundlage der Beziehung nicht zerstört! Stattdessen kann uns das sogar voranbringen. Es kommt auf das *Wie* des Lösens an.

Wichtig ist jetzt, dass Eltern nicht alles persönlich nehmen, sondern erkennen, dass diese Meinungsänderungen notwendig sind, und souverän bleiben. Wir Eltern müssen unsere Kinder mit positivem Blick freigeben. Das heißt, wir entfernen uns voneinander. Ja! – aber möglichst, ohne dass wir sie ablehnen. Stattdessen sollten wir darauf achten, dass das gegenseitige Vertrauen wächst und wir den beständigen Wandel der Beziehung annehmen – mal lockerer, mal strenger.

Und wenn es vonseiten des Teenies zu heftig geworden ist und wir für kurze Zeit eine Mauer zwischen ihm und uns spüren, bleibt es unsere Aufgabe als Eltern, wieder den ersten Schritt aufeinander zuzumachen. Die Pubertierenden bekommen das nicht immer so gut hin. Ist es ganz schlimm zwischen dem Teenie und uns gelaufen, kann es helfen, einen Dritten mit ins Boot zu holen, der dabei hilft, dass sich die Wogen glätten und alle aufeinander zugehen können.

Zu viel Streit heißt: Wir müssen genauer hinschauen

Kommt es im Alltag allerdings gefühlt zu häufig zu vielen Konflikten (und vor allem zu kaputtmachenden statt lösungssuchenden), reicht es möglicherweise nicht mehr aus, die Situation anzunehmen und durch sie hindurchzugehen. Hier ist es wichtig, genauer hinzusehen, was sich in der Beziehung quergestellt hat und wieder zurechtgeruckelt werden sollte.

Folgendes sollten wir überprüfen:

- Diskutieren wir vielleicht zu viel und geben zu wenig Verantwortung ab?
- Lassen wir dem Teenie eventuell zu wenig Platz für seinen Weg?
- Ist es wirklich so fürchterlich, welche Kleidung er trägt oder wie er die Haare gestylt hat?
- Ist sein Tonfall tatsächlich persönlich gemeint oder einfach nur ein Nebenprodukt seiner hormonell bedingten Instabilität?
- Ist es echt unerträglich, dass er sich leicht übergriffig für zum Beispiel Veganismus einsetzt?

- Ist es nicht verständlich, dass er eine Stunde länger ausgehen möchte als vorher üblich?
- Ist es vielleicht doch nachvollziehbar, dass er mehr in der Handballhalle anzutreffen ist als über seinem Vokabelheft?
- Und so weiter.

Eltern müssen ihre klaren Neins hinterfragen und minimieren. Was könnte schlimmstenfalls geschehen, wenn das Kind seinen Weg geht, anstatt den, den wir Eltern richtig finden? Ist der wirklich so dramatisch oder nicht einfach auch ein Lebensweg, der okay wäre?

In der Pubertät unserer Kinder dürfen wir Eltern nicht mehr alles (auf unsere Weise) lösen wollen. Unsere Rolle verändert sich dahingehend, dass wir unsere Kinder mit Zutrauen begleiten, uns gegebenenfalls anbieten zu helfen und bei allem so gut wie möglich Vorbild bleiben. Denn ein solches benötigen sie immer noch, auch wenn ihr Verhalten oft nicht so aussieht, als würden sie zu uns aufschauen.

Läuft etwas ganz anders, als von uns Eltern gedacht, ist es wichtig, dass wir uns nicht in Schuldgefühlen verlieren. Niemand kann sagen, dass dieses oder jenes passiert ist, weil wir dieses oder jenes getan oder unterlassen haben. So einfach ist der Zusammenhang nie, zu viele Faktoren spielen eine Rolle. **Schuldsuche hilft ohnehin nicht weiter – Lösungssuche ist der Schlüssel.**

Im Umgang miteinander wird es noch wichtiger als bereits in Kindertagen, dass Eltern ihren Nachwuchs nicht belächeln, Gesagtes und vor allem auch Äußerlichkeiten nicht überbewerten. Man muss um die starke Unsicherheit der Jugendlichen wissen und sollte sensibel damit umgehen. Grinsen können wir mal für uns, aber dem Teenie sollten wir nicht herablassend oder zu bewertend begegnen. Wenn uns etwas sehr stört, empfiehlt sich stattdessen ein offenes, ehrliches und ernsthaftes Gespräch.

Großsein muss geübt werden

Die letztendliche Aufgabe der Kinder nach der Pubertät wird es nicht nur sein, dass sie selbstständig und stark durchs Leben gehen, sondern auch ihre Existenz selbst absichern und sich allein versorgen. Hier ist es Aufgabe der Eltern, beim Finden des passenden Wegs zu unterstützen, ohne zu drängen, und auch den Kindern immer mehr Tätigkeiten bzw. Verpflichtungen zu übertragen, damit sie sie einüben können. Denn niemand kann diese Dinge von jetzt auf gleich, wenn er sie nicht üben – und Fehler machen – durfte.

Die Rechte, aber auch Pflichten werden immer mehr. Jugendliche können zuhören, mitdenken, aktiv werden bei Themen, die Eltern bislang von ihnen ferngehalten bzw. für sie erledigt haben. Das sind zum Beispiel:

- Einkaufsplanung
- Auswahl eines neuen Stromanbieters
- Beratungen zu Vertragsunterzeichnungen
- Urlaubsbuchung
- Erstellen von Finanzübersichten
- sich Gedanken über die Berufswahl machen
- sich einen Minijob suchen

Das heißt, wir Eltern müssen zulassen, dass die Jugendlichen sich hier ausprobieren dürfen. Das innerfamiliäre Miteinander formt sich neu, die Rollen werden immer gleichrangiger.

So wird die Pubertät zur Chance – zur Chance auf ein Erhalten der guten Eltern-Kind-Bindung der ersten Jahre und das Weiterführen der Beziehung mit einem Teenager und bald jungen Erwachsenen, der sich in Ruhe abnabeln und selbst finden konnte.

Die Rolle der Eltern

Unsere Elternrolle ist es eigentlich, flexibel und zugewandt mit den Kindern zu wachsen. Und unser Gewinn sind ein hoffentlich lebensfroher und -fähiger junger Erwachsener sowie – nicht zu vergessen – wieder mehr Freiraum für uns selbst.

Das Wichtigste ist dabei wohl, locker zu bleiben!

Familie hat für Jugendliche fast immer einen hohen Stellenwert. Vor dem kompletten Verlust von Nähe müssen sich Eltern in einer Elternschaft, die auf guter, enger Beziehung beruht, kaum fürchten. Ihre Kinder sind sich in der Regel der Wichtigkeit und Schönheit ihres Familiennetzes bewusst. Die Tatsache, dass die meisten Teenager sicher sind, eines Tages selbst Nachwuchs haben zu wollen, zeigt doch, wie gut eingebunden sie sich im Familiensystem fühlen und für wie wichtig sie es halten.

*Be*ziehung schön und gut – doch wo bleibt die *Er*ziehung?

Der Begriff „Erziehung“ wird in der Literatur rund um Bindung und Beziehung manchmal kritisch gesehen, da er teilweise so gedeutet wird, als wollten die Eltern ihr Kind „verbessern“, zugunsten eigener Ziele „verbiegen“, an ihnen „ziehen“. „Begleitung“ ist daher vielleicht das bessere Wort.

Eltern sammeln Informationen und helfen ihren Kindern mit diesem Wissen auf dem guten Weg zu sich selbst in diese Welt hinein. Hinter ihrem Handeln steckt also durchaus eine Absicht, ein oberes Ziel, eine Struktur. Aber sie wollen nicht die Persönlichkeit des Kindes umformen oder es verbiegen.

Egal welchen Begriff du schließlich für dich wählst – definitiv ist deine Aufgabe die verantwortungsbewusste Hilfe beim Finden ins Leben und bei der Ausbildung der Identität deines heranwachsenden Kindes. Und darauf kommt es an. Gehst und bleibst du derartig in Beziehung, bist du die beste Unterstützung und Kraft, die du sein kannst – kein Idealbild, kein perfekter Elternteil, aber ein echter, authentischer, der auf sich achtet und das Kind achtet und ernst nimmt.

EXTRATIPP

Haben unsere Kinder das Jugendalter erreicht, sollten wir möglichst viele der im Kapitel „Durch den Alltag der Pubertät" veranschaulichten Aspekte der bindungs- und beziehungsorientierten Elternschaft bereits ganz natürlich im Alltag umsetzen. Einige Stellschrauben, wie zum Beispiel das Verbessern der Dialogführung, das Abschaffen von Strafen, eine intensivere Selbstfürsorge, kann man aber auch dann noch drehen, wenn das Kind schon in der Pubertät angekommen ist. Also keine Sorge, wenn man bisher oftmals anders gehandelt hat. Es ist nie zu spät!

Um stärker mit unseren Kindern in Beziehung zu gehen, ist hier ein intensiver Blick auf den Alltag, auf unser Verhalten und auf unseren Nachwuchs nötig und hilfreich. Das können Eltern jederzeit angehen.

Dass das Erziehen und Anleiten von Kindern ohnehin nur bis zu einem Alter von etwa zehn Jahren sinnvoll ist und in der Pubertät dann eher von den Freunden übernommen wird, ist eine oft gesagte Floskel und nicht ganz korrekt. Ja, in vielerlei Hinsicht und vermehrten Situationen bestimmen die Freunde und ihre Beziehungen untereinander das Weitererarbeiten der jugendlichen Identität (anpassen, abgrenzen, ausprobieren, sozialen Druck spüren), doch das Elternhaus bleibt stets entscheidend.

Was sagen andere Eltern?

Daniel (41), Vater eines Sohnes (14) und einer Tochter (12), über Freunde und das Vorleben von Werten:

Unser Großer ist schon sehr viel mit seinen Kumpels unterwegs. Was er davon mitbringt, sind vor allem sein Markenfimmel bei Klamotten und ein nicht so schönes Vokabular. Er muss bei den Markensachen dazubezahlen, und wenn er sich unangenehm äußert, sagen wir ihm sehr bestimmt, dass er „Alter" oder so etwas gerne zu seinen Freunden sagen kann, aber nicht hier bei uns, weil wir es unangenehm und auch respektlos finden. Das nimmt er gut an. Manchmal rutscht natürlich doch etwas Flapsiges raus, doch eigentlich hat er sich gut im Griff. Ich kontere da auch immer sofort. Ich finde, man merkt schon, dass er sich viel an uns orientiert und an dem, was wir so vorleben an „Benehmen".

Und je stärker und mit je mehr Bereitschaft Eltern diese Aufgabe (des Erziehens oder eben „Beziehens") annehmen, desto besser können das Miteinander und auch das Miteinanderwachsen sein. Je intensiver Bindung und Beziehung sind, desto kraftvoller und robuster sind Rücken und Ich deines Jugendlichen. Desto klarer ist für ihn auch das Gefühl des Geliebtwerdens und Eingebettetseins in die Familie – und desto weniger Risiko besteht, dass der Teenager (durch Gleichaltrige) allzu weit von einem positiven Weg abkommt.

„Man muss aus Kindern keine guten Menschen machen. Das sind sie schon längst.
Man muss nur aufpassen, dass sie es bleiben."
@hauptstadtgoere, Twitter

DURCH DEN ALLTAG DER PUBERTÄT

Wenn wir beginnen, uns mit der Pubertät auseinanderzusetzen, verstehen wir schnell, was das Wesentliche ist: Unsere pubertierenden, heranwachsenden Kinder brauchen von uns zunächst mal das Gleiche wie die kleinen, nur in etwas anderer Form!

Was Kinder brauchen sind:

- Wurzeln,
- Flügel
- und uns als anteilnehmenden, begleitenden und richtungweisenden „Leitwolf", wie der Familientherapeut Jesper Juul es nennt.

So simpel. So schwierig! Denn natürlich läuft es mit einem 13- oder 16-Jährigen anders als mit einem jüngeren Kind. Man kann nicht mehr einfach ein schönes Buch vorlesen, um Nähe zu schaffen. Man kann das Kind nicht fürsorglich auch mal gegen seinen Willen wegtragen, wenn es irgendwo gefährlich wird.

Wie gibt man weiterhin Wurzeln und Nähe?

Man kann nicht mehr in Sichtweite loslassen und dem Kind mit mulmigem Bauchgefühl das Klettern auf dem höchsten Baum erlauben. Man bringt es nicht mehr in einen gut behüteten Kindergarten, in dem von den Erziehern fast alles zurückgemeldet wird, was über Tag nicht so gut läuft. Die Orte ändern sich, die Bezugspersonen werden andere, der Radius erweitert sich, die Risiken sind neue.

Wie aber schafft man es, loszulassen und Flügel zu geben?

Man kann auch nicht mehr einfach die Richtung vorgeben, Regelplakate mit kleinen Bildchen besprechen, Zeiten bestimmen, ohne viel Gegenrede Kompromisse schließen, den Anstoß zum Hausaufgabenerledigen geben, notfalls mit Überredungskunst wie einem Schokopudding. Denn es wird immer mehr Widerworte geben, und das eigene Verhalten wird immer mehr infrage gestellt.

Wie aber schafft man es dennoch, ein Leitwolf zu bleiben?

Was sagen andere Eltern?
Katja (38), Mutter einer neunjährigen Tochter, über den Fokus auf Beziehung:
Ich kann generell sagen, dass Beziehungsorientierung hilfreich ist, weil ich meiner Tochter viel eher in für sie (und uns!) schwierigen Momenten helfen kann und wir deutlich schneller in der Lage sind, Situationen zu reflektieren, als andere Eltern. Generell hilft es eben, Verständnis zu zeigen, Situationen zu besprechen und nicht aus der Rolle als Elternteil heraus irgendetwas durchzudrücken.

Was passiert bei den Jugendlichen?

Jugendliche etwa ab zehn bis 13 Jahren stehen zwischen dem Kind- und dem Erwachsensein:

- Sie müssen manche Sonderrechte aufgeben, die sie als kleine Kinder hatten – die Schonfrist ist vorbei.
- Sie stehen neuen gesellschaftlichen Erwartungen gegenüber, dürfen und können aber noch nicht alles kompetent selbst lösen – die geistige Reife durchlaufen sie ja erst noch.
- Ihr Körper verändert sich, die Geschlechtsreife setzt ein – der Umgang damit ist ein ganz neues Feld.
- Ihre Denkfähigkeiten werden andere und gehen dabei durch chaotische Phasen – sie verstehen sich oft selbst nicht. Und wir Eltern kommen schon gar nicht mehr mit.
- Ihre gesellschaftliche Position ist oft nicht ganz klar – sind sie nun groß oder klein?
- Sie sind verunsichert, ihre Emotionen sind überwältigend – Gefühlsausbrüche in jedwede Richtung sind an der Tagesordnung und überfordern sie selbst und uns.

Sie bleiben also „bedürftig“, abhängig von uns Eltern – noch gut ein Jahrzehnt lang. Sie sind darauf angewiesen, dass wir ihnen Entwicklungsspielraum lassen und auch eventuellen Fehlern Raum geben.

Bestimmte Dinge müssen erlebt, *durch*lebt, bewältigt werden, um voranzukommen.

Was sagen andere Eltern?

Nina (39), Mutter von drei Söhnen (5, 8, 13), über den Fokus auf Beziehung: Beziehungsorientierung hilft in unserer Familie extrem in Stresssituationen. Wir können uns aufeinander verlassen. Die Kinder wissen, wir sind da in guten wie in schlechten Zeiten, und keiner braucht Angst zu haben vor Fehlern. Jeder macht Fehler, und trotzdem werden sie bedingungslos geliebt. Orientiert an Beziehung heißt hier auch: „Okay, Mama hat einen schlechten Tag und ist launisch, aber es ist nicht unsere Schuld, sie hat einfach nur ein schlechten Tag."

Machtgefälle erzeugt Gehorsam – Kadavergehorsam und Angst. Angst ist ein ganz schlechter Berater und ein zerstörerisches Lebenselixier. Nimmt Raum für Entwicklung. Bindungs- und Beziehungsorientierung ist die Basis für einen wertschätzenden Umgang miteinander und schafft Raum für Entwicklung.

Ebenso wie ein Kleinkind beispielsweise nicht lernt, sich gut zu ernähren, wenn wir ihm nicht zeigen, was ein gesunder, abwechslungsreicher Speiseplan ist, braucht auch ein Jugendlicher Impulse:

- Struktur
- Vorbild
- Ideen
- Stimulation

Und schlichtweg Situationen, in denen er

- erkennen,
- überlegen,
- mitgestalten,
- Ziele entdecken,
- Werte stecken,
- sich selbst finden kann.

Dabei muss er bekannte Pfade verlassen, Neues (das für Erwachsene typisch ist oder dafür gehalten wird wie zum Beispiel Ausgehen und Feiern) wird probiert – und das Elternhaus sollte möglichst der rote Faden bleiben, um eventuelle Ausrutscher und Unwägbarkeiten aufzufangen.

Die Grundpfeiler der Beziehung

Es gibt Grundpfeiler, die am besten von Anfang an unser Familienleben mit den Kindern bestimmen sollten (sie können aber durchaus auch noch später ausgestaltet werden):

- Bindung
- Beziehung
- sich informieren
- Wertschätzung
- Respekt und Straffreiheit
- gute Kommunikation
- Vertrauen und Verantwortung
- Freundschaften annehmen
- mitsein
- Vorbild sein
- Selbstfürsorge

Hinter diesen Grundpfeilern stecken niemals eng umrissene To-do-Pläne, sondern es sind vielmehr Bereiche, die jede Familie nach ihren Bedürfnissen und Lebensbedingungen ausfüllen kann.

Bei den Grundpfeilern geht es jeweils darum:

- sich selbst zu zeigen – So bin ich!
- den anderen wahrzunehmen – Wie bist du?
- das Machtgefälle zwischen Klein und Groß nicht auszunutzen – Wie schaffen wir das als Team?

So können wir Eltern versuchen, mit unseren Kindern möglichst kampffrei umzugehen, obwohl sie in sich selbst mit so vielem kämpfen müssen. Wer Wert auf Bindung und Beziehung legt, geht diesen anderen Weg.

Bindung: Wie bleibe ich eng an meinem Teenager?

Bindung meint hier ein enges Band zwischen dem Kind und dir als Elternteil, das mal kürzer und mal länger ist. Das Kind kann sich dabei darauf verlassen, dass du seine Signale richtig lesen und seinen wirklichen, tiefen Bedürfnissen (nicht Wünschen!) so gut wie möglich und rasch nachkommst.

BEDÜRFNISSE – WÜNSCHE: WO IST DER UNTERSCHIED?

Die Begriffe „Bedürfnisse“ und „Wünsche“ werden gerne durcheinandergeworfen, dabei ist die Unterscheidung gar nicht so kompliziert.

Bedürfnisse sind das, was ein Mensch emotional und körperlich braucht, um psychisch gesund zu sein.

Wünsche sind das, was ein Mensch darüber hinaus einfach noch gerne haben würde (nicht nur materiell), dessen Fehlen ihn aber psychisch nicht angreift.

Zwischen diesen Polen stecken unsere Kinder:

- Manchmal benötigt das Kind (egal in welchem Alter) körperliche Nähe und die Eltern als Absicherung, wenn zu viel von ihm gefordert wird und zu viele Eindrücke auf es einprasseln.
- Ein anderes Mal benötigt es aber euer Vertrauen und Loslassen, damit es selbstständig ausprobieren kann, wie die Welt funktioniert und was es in ihr bewirken kann.

In einer guten Bindung begleitest du dein Kind dabei achtsam und liebevoll, gibst Orientierung und Struktur, leitest es an. Im Babyalter und in den (Klein-)Kinderjahren werden möglichst die Grundlagen gelegt, auf die man sich im Jugendalter verlassen möchte und muss. Nach dem zehnten Geburtstag kann aber immer noch etliches davon neu in den Alltag integriert werden.

Eine der aber unbedingt zu legenden Grundlagen für ein gutes Miteinander auch in den Jugendjahren sind die sogenannten Spiegelneuronen: Sie reifen von klein auf in unseren Kindern, wenn wir ihnen warm, zugewandt und mitfühlend begegnen, und ermöglichen es ihnen im Gegenzug, Zuneigung und Einfühlsamkeit zu zeigen, sodass ein echtes Teamsein auch in der Pubertät eine gute Basis hat.

Was sagen andere Eltern?
Yvonne (42), Mutter einer Tochter (12), über das Wechselspiel aus Nähe und Distanz:
Meine Tochter steht sehr zwischen den Stühlen: Einerseits ist sie noch klein, spielt gerne mit jüngeren Kindern und deren Spielsachen, tobt und klettert. Aber andererseits schaut sie auf die etwas älteren Mädchen in ihrer Klasse, die schon shoppen gehen, Instagram nutzen oder Partys feiern.
Um sich in den neuen Bereich zu wagen, braucht sie mich manchmal noch ganz stark. Dann muss ich sie nicht nur hinsichtlich ihrer Kleiderwahl beraten, sondern mich auch mal mit zu ihr ins Bett kuscheln und ihr etwas vorlesen. Ich habe das Gefühl, wenn sie ab und an noch etwas klein sein darf, hat sie auch die Kraft, groß zu werden und allein loszuziehen.

Was kannst du tun?

Um Nähe und Wurzeln zu geben, braucht es vor allem ein gutes **Einfühlen**: Verbringst du als Elternteil die gemeinsame Zeit, die du mit deinem Teenie hast (und die ja immer geringer wird pro Tag im Vergleich zu den ersten Jahren), immer wieder eng, wirklich im Moment, lernst du, ihn zu lesen. Durch verlässliches Reagieren gibst du ihm Sicherheit, die zu Selbstsicherheit werden kann.

EXTRATIPP

Auch im Teeniealter können Spiele und Berührungen noch viel mit unseren Verbindungen machen. Gemeinsame Zeit mit egal welchem Spiel setzt den Fokus auf uns, nicht auf den Haushalt, die Schule, Streitthemen. Bei manchen Gesellschafts- oder auch Videospielen muss man sich zusammentun, gemeinsam Strategien entwickeln, um zu bestehen. Das kann man nutzen, um Nähe zu vermitteln.

Bewegungsspiele und Sport, Trampolineinheiten, lachendes Raufen oder auch Alltagsberührungen wie ein morgendliches Umarmen zur Begrüßung, ein abendliches Drücken vor dem Zubettgehen, das Spazieren mit einem Arm um die Schulter des anderen oder Ähnliches helfen dabei, körperliche Nähe weiterhin zuzulassen, die für ein gutes Bindungsgefühl wichtig ist.

Zum Loslassen und Flügelgeben braucht es **Vertrauen**: Du musst deinem Kind vertrauen und auch darauf, dass du seinen Rücken gestärkt hast. Und du musst auch Vertrauen in die (Um-)Welt haben, indem du nicht überall das Schlimmste befürchtest.

Auch du durftest (oder wolltest) die Welt als Jugendlicher erkunden. Jetzt musst du das deinem Kind ermöglichen. Seine gesunde Ich-Entwicklung braucht Raum und von dir nur noch etwas Unterstützung und Angebote. Versuche, alles zu kontrollieren, sind hinderlich und bei guter Bindungsbasis gar nicht notwendig. Besinne dich stattdessen auf:

- Vertrauen und Bestärkung,
- das Reden über verschiedenen Alternativen auf dem Weg,
- gegebenenfalls auch mal Hilfe von außen in Form von fachlich versierten Beratungen, wenn man doch mal ins Straucheln gekommen ist.

Um dein Kind anzuleiten und ihm starke Orientierung rund um das oben beschriebene Wurzeln- und Flügelgeben zu geben, ist es wichtig,

- dass ihr euch gegenseitig respektiert und auf Augenhöhe bleibt.
- dass du dich und deine Standpunkte hinterfragst, anstatt auf ihnen zu beharren.
- dass du aber auch Gewissheit findest und vorgibst in Form von liebevollem Grenzensetzen und von Struktur.
- dass du feinfühlig erspürst, was in deinem Kind los ist.
- dass du ihm hilfst, alle Eindrücke und Argumente zu sortieren.
- dass du auf Bevormundung und Machtmissbrauch verzichtest.

Was sagen andere Eltern?

Dirk (41), Vater eines Sohnes (14), über das Überprüfen eigener Standpunkte:

Die Schule unseres Sohnes veranstaltet jedes Jahr einen „Tag des sozialen Engagements". Der reguläre Schultag ist dann frei, um durch kleine Jobs oder Kuchenverkäufe Geld für ein Hilfsprojekt verdienen zu können.

Unser Sohn wollte die Arbeit gerne am Wochenende vorher erledigen, um den dann quasi schulfreien Tag für einen Ausflug in einen Freizeitpark nutzen zu können. Alles in mir sträubte sich dagegen. Ich bin ein pflichtbewusster Mensch und sagte erst mal spontan Nein. Doch er ließ sich nicht unterkriegen. Mutig trug er seine Argumente vor, dass er ja arbeiten und Geld verdienen würde. Aber dass er so gerne einmal unter der Woche und außerhalb der Ferien die Attraktionen des Parks nutzen wolle – ohne lange Schlangen.

Wir Eltern mussten das sacken lassen, aber uns auch recht schnell eingestehen, dass wir seinen Wunsch gut nachvollziehen konnten. Er würde nicht schwanzen, sondern vorarbeiten. Und vor allem hatte er uns ehrlich und offen von seinen Plänen erzählt. All das zusammengenommen fanden wir unsere Antwort und konnten ihm ein klares Ja mitgeben, das niemandem wehtat.

Ehrlich bleiben

Wichtig ist, dass du authentisch bleibst. Das heißt, du kannst ruhig offen zugeben, wenn du mal nicht weiterweißt oder noch unsicher bist. Manchmal dauert es eben ein paar Tage, bis du eine gute Entscheidung treffen kannst.

Du kannst auch zugeben, wenn du dich bei verschiedenen Fragestellungen überfordert fühlst. Ein Teenie, der spürt, dass seine Eltern sein Computerspiel oder seine Cliquenprobleme schwierig finden, aber verstehen wollen und ernst nehmen, wird wahrscheinlich auch zu dir kommen, um über andere Sorgen zu sprechen und Lösungen zu finden. Ein Jugendlicher, der sieht, dass Erwachsene in der Regel verantwortungsbewusst mit der Politik, dem Alkohol, ihren Freundschaften, der Umwelt, der Arbeit, den Verwandten, mit sich selbst und so weiter umgehen, wird es ihnen in enger Verbindung eher nachtun, als einen komplett anderen Kurs einzuschlagen. Interessen und Persönlichkeitsmerkmale sind ganz individuell. Und doch kann der elterliche Stern der leitende sein.

Manchmal mag der Weg deines Kindes oberflächlich anders aussehen. Aber du als Elternteil bist Vorbild, und es wird sich unbewusst vieles mitnehmen. Du und dein Kind seid und bleibt gleich und doch nicht gleich. Verbunden und doch in Ablösung.

Was sagen andere Eltern?

Ingrid (39), Mutter eines Sohnes (15) und einer Tochter (13), über Gemeinsamkeiten mit den Kindern:

Ich bin eine ganz Ordentliche. Seit die Kinder endlich nicht mehr in unserem Wohnzimmer spielen, ist hier wieder Ordnung eingekehrt. Und allgemein bin ich sehr fürs Aufräumen und Sofortwegpacken. Ich habe lange ärgerlich gedacht, dass das doch wirklich mal im Kopf unseres Sohnes ankommen muss. Seine Schwester macht das total toll. Aber bei ihm im Zimmer sieht

es immer aus ... Vor allem auf dem Fußboden: Kleidung, Schulsachen, alte Stofftiere, schmutzige Socken. Da muss ich immer durchatmen.
Doch ich habe verstanden, dass er meinen Ordnungsfimmel anders übernommen hat und sein Chaoszimmer irgendwie braucht, um in anderen Bereichen gut klarzukommen. Er vergisst nie eine geänderte Trainingszeit vom Sportverein, keinen Vokabeltest und keine Klassenarbeit. Das ist ja schon unheimlich viel Ordnung und Selbstständigkeit. Seit ich das so sehe, kann ich seine unordentliche Seite viel besser ertragen und meckere endlich weniger.

Beziehung: Wie bleiben wir ein Team?

Eine gute Beziehung erreicht man auf der oben genannten Bindungsbasis, die möglichst in den ersten Lebensjahren geschaffen sein sollte. Das Grundlegendste, um sie auch in der Pubertät zu erhalten, ist, sich emotional nicht zu distanzieren.

Wie schaffen Eltern das?

- Du musst bewusst Kontakt suchen.
- Du musst geplant im Alltag Situationen schaffen, die dir einen guten Anschluss an den Teenager ermöglichen.
- Du solltest grundlegendes Interesse an deinem Kind zeigen.
- Du solltest ihm ein Vorbild sein in einem guten Umgang miteinander.
- Du solltest Streitigkeiten, Schweigen oder Aggressionen nicht überbewerten oder persönlich nehmen.
- Du solltest nie deinen Humor vergessen – der einem Pubertierenden gegenüber allerdings nicht zu persönlich werden sollte!

Was sagen andere Eltern?

Marion (47), Mutter einer Tochter (17), über ein neues Ritual zur Kontaktaufnahme:

Es gab eine Zeit, da hat meine Tochter kaum noch etwas mit mir besprochen. Ich nehme an, sie hatte Freunde, die für bestimmte Themen ihre Ansprechpartner waren, und sie schrieb viel in ihr Tagebuch.

Ich war frisch getrennt und hatte Sorge, sie zu verlieren und gar nicht mehr zu wissen, was in ihr vorgeht. Gerade aufgrund der Scheidung war ich natürlich nervös, dass ich irgendetwas verpassen könnte.

Da kam mir die Idee, dass ich ihr Schreiben nutzen könnte: Ich verfasste einen kleinen Brief und schob ihn unter ihrer Tür durch. Und tatsächlich kam das gut an! Manches ließ sie außen vor, und dann bohrte ich auch nicht nach, aber eine Zeit lang schrieben wir uns so fast täglich kleine Gedanken und kamen uns wieder näher. Irgendwann passierte der Austausch dann auch wieder mündlich. Aber zu dem Punkt mussten wir eben erst einmal kommen. Dieses Ritual hat uns geholfen.

Was kannst du tun?

Wichtig hierbei ist, dass jeder – Eltern und Kinder – sich bemüht, die Sicht des anderen einzunehmen, um gemeinsam trotz Uneinigkeit voranzukommen. Deinem Teenager ist dies kognitiv, also von der Wahrnehmung her, immer besser möglich, aber es wird ihm durch allerlei Entwicklungsaufgaben erschwert. Darum ist er darauf angewiesen, dass du als Elternteil die Beziehungsarbeit immer wieder stark angehst:

- Du musst auf dein Kind zugehen, auch wenn dir die Lust oft fehlen mag. – *„Lass uns noch mal reden!"*
- Du solltest es ruhig an den Wechsel der Blickrichtungen erinnern und mit ihm überlegen, wie andere sich wegen irgendetwas Geschehenem fühlen – oder aber erklären, wie es dir selbst mit einer Sache geht. – *„Was glaubst du, wie das beim anderen ankam?"*

- Du solltest auch stets die Seite des Pubertierenden betrachten. – *„Erkläre mir dein Handeln!“*
- Und schließlich solltest du deinem Kind dabei behilflich sein, all diese Sichtweisen zusammenzubringen.

Geschieht dies warm und unterstützend, so wird sich ein Kind, das eine gute Bindung hat, über kurz oder lang wahrscheinlich immer wieder aufs Gespräch und die angebotene Unterstützung einlassen.

HILFE! – UND WENN ES GANZ SCHIEF ZU LAUFEN SCHEINT?

Zur Beziehungsarbeit gehört auch, dass Eltern als „weiser“ und dabei zugewandter Part genau im Auge behalten, ob das heranwachsende Kind Auffälligkeiten zeigt: Zieht es sich dauerhaft zurück? Oder wird es vielleicht über längere Zeit und verschiedenen Personen gegenüber aggressiv? Fällt es in Entwicklungsphasen zurück, die wir für abgeschlossen hielten?

Dann gilt es, rasch zu reagieren. Du musst hinschauen und überlegen, welche Bedürfnisse hier zurzeit möglicherweise nicht erfüllt werden. Durch In-Beziehung- und vor allem Ins-Gespräch-Gehen solltest du versuchen zu erkennen, was los ist, um daran arbeiten zu können. Nicht selten handelt es sich um ein tiefes Selbstwertproblem, mit dem man sich aber auseinandersetzen kann.

Vermutungen, die eingeläutet werden mit „Kann es sein, dass du …“, können Türöffner für derlei Austausche sein:
- Kann es sein, dass du traurig bist?
- Kann es sein, dass du wütend bist?
- Kann es sein, dass du dich schlecht fühlst?
- Kann es sein, dass du Angst vor etwas hast?
- Kann es sein, dass du Hilfe brauchst?
- Kann es sein, dass du mich brauchst?

Aktiv werden

Besonders förderlich für eine gute Beziehung ist aber gemeinsames Tun:

- ein Spaziergang
- der Abwasch
- das Sonntagsessen
- ein Bauprojekt im Garten
- eine Mitgliedschaft im Sportverein
- ein Konzertbesuch
- eine Bahnfahrt oder Reise

Verbringt ihr gemeinsame Zeit, habt ihr ein gemeinsames Ziel, kommt ihr zusammen im Machen und Weltentdecken, ergeben sich ganz andere Berührungspunkte als zwischen Mahlzeiten, Schulnoten und Schmutzwäschediskussionen. Wer zusammen etwas schafft, lässt neuartige Erlebnisse zu und kreiert Erinnerungen, die zusammenschweißen. Eltern und ihre heranwachsenden Kinder, die so in Beziehung gehen, lernen einander besser kennen, nehmen einander intensiver wahr und sind einander zugewandter.

Was sagen andere Eltern?

Otto (48), Vater eines Sohnes (11), über ein neues Ritual der Kontaktaufnahme: Als mein Sohn zur weiterführenden Schule kam, ging es ganz plötzlich los, dass er sich nur noch an seinen Klassenkameraden orientierte und uns Eltern ziemlich vergaß. Ich habe ein bisschen gebraucht, um das zu realisieren, weil es ja erst einmal auch ganz nett war, nicht mehr so eng eingebunden zu sein. Doch als er dann immer mehr mit fragwürdiger Musik bzw. Texten ankam, die ich wirklich ganz schrecklich fand, hatte ich das Gefühl, ich will das ändern, ich will wieder verstehen, womit er sich beschäftigt. So kamen wir dazu, uns samstagsvormittags mit Freunden zum Fußballspielen zu verabreden. Irgendwie reichte das schon, damit wir wieder etwas näher zusammenfanden. Wir fachsimpelten über die Bundesliga oder einzelne Spieler – und das Beste war: Auf der Autofahrt zum Sport-

platz erzählte er mir offen von seinen neuen Musikvorlieben. So konnte ich seine Faszination besser nachvollziehen, hatte aber auch Gelegenheit, ihm zu sagen, was mich daran störte.

Es mag immer wieder Phasen geben, in denen ein Kind ein derartiges Zusammenkommen eher ablehnt. Dies solltest du nie persönlich nehmen. Bleib am Ball und beharre hier und da auch mal anleitend auf Teilnahme. Im anschließenden Gespräch lässt sich herauskitzeln, ob es dem Teenie nicht doch gefallen hat. Besprecht auch, welche Ideen er selbst für ein andermaliges gemeinsames Tun hat – was man dann natürlich auch angehen sollte, auch wenn es Überwindung kostet.

EXTRATIPP

Aus eigener Erfahrung kann ich eine Zettelsammlung mit Unternehmungen empfehlen: Meine Kinder schreiben während der Schulzeit alle möglichen und unmöglichen Ideen auf. Und an freien Tagen oder in den Ferien schauen wir die Vorschläge durch und stimmen ab, was davon in die Tat umgesetzt wird. Wenn etwas dagegenspricht wie der Preis oder die zu lange Anreise an einem typischen Stauwochenende, haben sie immer recht viel Verständnis, da wir ansonsten wirklich versuchen, auf ihre Wünsche einzugehen.

Außerdem setzen wir manchmal auch ganz spontan etwas von ihren Anregungen um, wenn es plötzlich passt. Ich denke, das erhöht andererseits auch ihre Bereitschaft, Dinge mitzumachen, die uns Eltern wichtig sind.

Informieren: Was ist Pubertät und was macht Pubertierende aus?

Ein entscheidender Eckpunkt im guten Umgang mit jugendlichen Kindern ist das Einholen von Informationen über diese Lebensphase.

Wenn du nicht weißt, was ein Teenager in der Regel kognitiv und psychisch schon verarbeiten und leisten kann – und was nicht –, schätzt du seine Reaktionen möglicherweise vollkommen falsch ein.

WAS BEDEUTET EIGENTLICH „PUBERTÄT"?

In primitiveren Kulturen scheint der Übergang zum Erwachsenenalter eher problemlos fortzuschreiten. Die in verschiedenen Entwicklungstheorien behandelte Phase „Jugendalter" gibt es vornehmlich in unserer westlichen Gesellschaft. Sie beschreibt den zunächst einmal hormonellen Wandel vom Kind zum Erwachsenen, der aber mit Veränderungen von Psyche, Denkvermögen und gesellschaftlicher Stellung – besonders Rechten und Pflichten – einhergeht.

Die Jugendlichen müssen ihre Identität in der Ablösung vom Elternhaus in ganz verschiedenen Bereichen finden: Selbstbild, Beziehungsführung, Politik, Geschlechterrolle, Beruf, Finanzen und vieles mehr. Früher sprach man hier stets von einem „Generationenkonflikt", um das Abstreifen der engen elterlichen Verbindung zu beschreiben, doch heute wird dies anders betrachtet. Auseinandersetzungen gelten inzwischen eher als normal und geradezu wichtig, nicht als fehl am Platz. Man erkennt bloß an, dass sie im Vergleich zum Kindes- oder Erwachsenenalter während der Pubertät häufiger auftreten.

Meist gibt es aber sogar viele Übereinstimmungen zwischen Jugendlichen und Erwachsenen, vor allem in Politik und in schulischen oder beruflichen Idealen. Unterschiede bestehen hingegen eher in den Bereichen Freundschaftswahl, Mode, Freizeitgestaltung – aber auch da nicht immer so stark, wie man annehmen sollte.

Häufig ist der Blick auf die Jugendlichen in unserer Gesellschaft sehr ähnlich wie der auf ein Kleinkind: Manche Erwachsene erwarten, dass es seine Spielsachen teilt, da es doch begreifen müsse, dass ein anderes Kind sonst traurig wäre. Sie überfordern das Kleinkind aber damit. Jugendlichen kann es sehr ähnlich gehen, wenn man nicht um ihre Fähigkeiten und Herausforderungen weiß.

- Es ist normal, dass sie sich sehr um sich selbst drehen.
- Es ist normal, dass sie ihre Aufmerksamkeit sehr auf sich lenken.
- Es ist normal, dass sie viel über sich selbst nachdenken.
- Es ist normal, dass sie bei sich selbst anfangen, wenn sie für ein Problem eine Lösung suchen.

Was kannst du tun?

Bewerte es nicht negativ, wenn dein Teenager nicht gleich im Blick hat, was eine Entscheidung für dich bedeutet. Hier gilt es, damit zu arbeiten – und dieses Verhalten nicht zu verurteilen oder gar persönlich zu nehmen.

Was sagen andere Eltern?

Daniel (41), Vater eines Sohnes (14) und einer Tochter (12), über jugendlichen Egozentrismus:

Da schon ewig niemand mehr Hörspiele von CD bei uns hörte, haben wir entschieden, sie zu verkaufen. Meine Frau fragte bei Bekannten, welche Familie mit jüngeren Kindern sie noch gebrauchen könnte, und gab sie für wenige Euro her. Unser großer Sohn beschwerte sich, dass ihm das Geld zustünde, da er etliche der CDs zum Geburtstag bekommen habe. Wir fanden das schwierig, da unsere Tochter als zweites Kind kaum eigene CDs bekommen hatte, weil ja schon alles vorhanden gewesen war – sollten wir sie nun benachteiligen? Wir fanden: Nein. Unser Sohn blieb lange bei seiner Meinung, konnte weder uns noch seine Schwester sehen. Aber letztendlich haben wir es in langen Gesprächen geschafft, dass er zumindest erkannt hat, wie viel Geld er allgemein von uns bekommt und wie viele Vorzüge auch seine Position als Ältester bietet. Am Ende konnte er unsere Entscheidung akzeptieren und die paar Euro, um die es eigentlich ja auch nur ging, gut verschmerzen.

Was ist da los?

Zum jugendlichen Egozentrismus gesellt sich andererseits häufig eine emotionale Überforderung beim Mitfühlen: Lässt sich ein Teenager emotional auf sein Gegenüber ein, kann ihn das unter Umständen stark überfordern. In ihm ist so viel los, dass jedes weitere Gefühl zu viel sein kann. Deshalb wird er manchmal unbewusst vermeiden, sich empathisch zu zeigen, weil es ihn weiter verunsichern würde. Das wirkt dann ziemlich arrogant – aber du als Elternteil musst genau hinschauen. Emotionsregulation, also der Umgang mit Gefühlen, ist wie schon in den Kinderjahren weiterhin ein Thema, das Platz finden muss zum Üben. Aber wir müssen in jedem Fall auch Verständnis haben, wenn das einmal – oder öfter – nicht gelingt.

Von außen betrachtet kann es schnell passieren, dass wir Eltern unseren jugendlichen Kindern Unrecht tun. Wir verzweifeln, weil wir glauben, es kann doch wirklich nicht so schwer sein, an das Lernen für die Mathearbeit, den Rückruf bei Oma und unsere Bitte, den Schreibtisch aufzuräumen zu denken. Aber nichts passiert. Der Teenager rührt keinen Finger. Ignoriert er uns? Ist er bockig? Oder faul?

So einfach ist es meistens nicht. Denn im Teenie ist viel mehr los, als diese drei Aufgaben. Sein Kopf ist vielleicht mit viel mehr beschäftigt:

- Er fragt sich, ob er schön ist, ob Papa ihn liebt, ob er zur Konfirmation gehen soll wie die anderen aus der Klasse oder ob wirklich genug gegen Nazis getan wird.
- Der Teenie hat Angst ausgegrenzt zu werden, wenn er etwas Riskantes nicht tut, fragt sich, wie der erste Sex sein wird, ob das Eis vielleicht zu viel war, das er gerade gegessen hat, und ist fürchterlich müde bei alldem.
- Er würde gern wissen, warum seine Eltern so viel streiten, ob man mit YouTube reich werden kann oder die neue Mitschülerin ihn schön findet.

- Dein Teenager hat Angst vor der Zukunft, will endlich etwas ohne seine Eltern entscheiden, fragt sich, wie peinlich seine Wortmeldung in Geschichte heute war und hat wirklich überhaupt nichts anzuziehen für den nächsten Tag.

Und wie bei einem Kleinkind, wo die falsche Becherfarbe existenziell schlimm war, können auch all diese Gedanken deinen Teenie über die Maßen bedrücken, sodass die Mathearbeit, der Schreibtisch und Oma ein schwierigeres Unterfangen für ihn sind, als es auf den ersten Blick scheint. Hast du das im Hinterkopf, kannst du deinem Heranwachsenden viel zugewandter begegnen.

Gut zu wissen ist ebenfalls, dass die hormonellen Veränderungen im Körper eben nicht nur die äußerlichen Umbauten verursachen, an die jeder beim Stichwort „Pubertät" denkt, sondern auch innere im Gehirn – und gerne chaotische Auswüchse zeigen. Manche Hirnareale werden gar nicht mehr genutzt, andere intensiver als je zuvor. Und bei all diesen Veränderungen kann es dazu kommen, dass zeitweise ein „out of order"-Schild am Kopf hängen müsste. Darum *kann* der Jugendliche manchmal nicht begreifen, warum unsere gesetzte Priorität die klügere ist.

Eltern sollten in Bezug auf die hormonellen Veränderungen vor allem über zwei Stoffe gut Bescheid wissen: das Melatonin und das Dopamin. Melatonin ist dafür zuständig, wann ein Mensch müde wird und schlafen sollte sowie dafür, wann er wieder wach und rege wird. Während der Pubertät ist dieser Bereich verändert. Unsere Teenager bestehen also nicht aus einem Starrsinn heraus darauf, nicht vor Mitternacht ins Bett zu gehen, sondern weil sie vorher einfach nicht müde sind. Und leider hat das auch Auswirkungen auf die Morgen. Das Melatonin lässt sie nicht um 7 Uhr fröhlich aufwachen, sondern sorgt dafür, dass sie um 8 Uhr in der Schule noch hundemüde sind. Das ändert sich leider erst nach der Pubertät wieder und sorgt natürlich für viel Stress,

für den es nicht immer eine Lösung gibt. Einige Ideen dazu findest du im Kapitel „Schlaf: Was mache ich, wenn mein Teenager kaum noch zur Ruhe findet?“ Das Wichtigste ist jedoch: Es ist keine böse Absicht, es steckt kein Sturkopf dahinter, sondern einfach Biologie.
Ebenso spannend ist das Dopamin. Es sorgt in jedem Menschen für Glücksgefühle. Damit dieser Botenstoff wirken kann, muss er im Gehirn auf Rezeptoren treffen. Und Jugendliche haben leider weniger Rezeptoren als Erwachsene. Das bedeutet, sie brauchen viel mehr Reize, um sich genauso glücklich zu fühlen wie eine 25- oder 45-jährige Person. Während du also vielleicht einen tollen Glücksmoment hast, wenn du laute Musik hörst und dazu tanzen kannst, benötigt dein Teenie für die gleiche Gefühlsintensität noch sieben gute Freunde, Alkohol und die Aufregung, auf der Balkonbrüstung zu sitzen. Das bedeutet, die Risikosuche der Jugendlichen ist auch keine Aufmüpfigkeit und keine Dummheit. Sie wünschen sich gute Gefühle, wie jeder Mensch, aber brauchen leider oft eine etwas größere Dosis an Emotionsauslösern. Wenn du das im Hinterkopf behältst, kannst du deinem Teenie vielleicht das ein oder andere Mal verständnisvoller begegnen, selbst wenn etwas gar nicht gut gelaufen ist.

Die Aufmerksamkeitsspannen und Gedächtnisleistungen werden zum Glück im Laufe der Zeit größer, aber auch dies erfolgt manchmal auf Umwegen. Alle Neuerungen im Denken müssen erst eingeübt werden, um sich wirklich einzuschleifen. Genauer hinsehen solltest du auch bei der von der Gesellschaft an die Jugendlichen herangetragene neue Rolle: Ihnen ist plötzlich mehr erlaubt, aber sie haben auch mehr Pflichten. Und alles zusammen kann sie absolut aus dem Gleichgewicht bringen. Vielleicht rührt es dann daher, dass dein Kind sich stiller oder aber aggressiver verhält als üblich. Das sind ganz typische Verhaltensveränderungen bei Überforderung: Hemmung oder Enthemmung. Auch dies richtet sich nicht persönlich gegen dich und ist unbedenklich, wenn es nicht langanhaltend und in verschiedensten Lebensbereichen zu spüren ist!

EXTRATIPP

Aus meiner Erfahrung kann ich sagen, dass das schnelle Aggressivwerden in Diskussionen bei meinen Teenagerkindern eigentlich schon so gut wie dazugehört. Sie fühlen sich oft ertappt oder aber bevormundet, ohne dass ich das möchte. Ich versuche, mich nicht darauf einzulassen, also nicht mit wütend zu werden, sondern mir zu Herzen zu nehmen, dass ihr Lautsein vermutlich einen guten Grund hat. Wenn ich sie spüren lasse, dass meine Meinung zum Ausgangsthema nicht in Stein gemeißelt ist, fahren sie sich meist schnell wieder runter. Und wir können echt ins Gespräch gehen.

Das solltest du tun!

Weißt du um diesen veränderten und sich beständig weiter wandelnden Entwicklungsstand, kannst du viel gelassener mit deinem Kind umgehen, da dir klar ist, dass vieles Gesagte, Getane oder auch Nichtgetane absolut nicht böse gemeint ist.

Daher:

- Bleib tolerant – „*Okay, deinen Weg kann man probieren!*"
- Bleib so oft wie möglich locker – *Es ist gar kein Drama!*
- Bleib zugewandt – „*Ich liebe dich und will für dich da sein!*"
- Schau genau hin – *Was braucht mein Teenie tatsächlich?*
- Frag nachdenkend – „*Erklärst du es mir?*"
- Sei nicht sofort beleidigt – *Durchatmen! Das ging nicht gegen mich.*
- Gib eine zweite Chance – und auch eine dritte!

Was sagen andere Eltern?

Anja (50), Mutter einer Tochter und eines Sohnes (13), über Herausforderungen:

Im Grunde zieht sich die Haltung durch unser ganzes Leben. Eine Erzieherin im Kindergarten sagte mir vor Jahren mal: „Die meisten Eltern lassen ja ihre Kinder noch nicht mal entscheiden, ob ihnen warm oder kalt ist, sondern zwingen sie zur Jacke." Das hat mir gefallen. Also halte ich sie von Anfang an dazu an, selbst festzustellen, wie es ihnen geht und was sie brauchen. Seit einer Woche leben wir im Nestmodell mit zwei Wohnungen. Die Eltern wechseln also, die Kinder bleiben in der Familienwohnung. So unfassbar entspannt, wie sie mit der Sache umgehen, habe ich das Gefühl, mit fast 13 und fast 15 sind sie sehr selbstständig und gewohnt, nicht auf Anweisungen oder Ähnliches zu warten.

Was ich in den letzten Jahren aber beobachte: Ich als Kind wollte meinen Eltern immer gefallen. Also hab ich getan, was auch immer sie an mir mögen könnten. Sind sich die Kinder – wie meine – der Liebe und der stabilen Beziehung sicher, dann ist es immer wieder schwerer, wirklich mal etwas durchzusetzen. Sie zeigen, was sie brauchen und wollen, auch ganz egoistisch. Mit zwei „Pubertieren" sind die Diskussionen um Spülmaschine, Wäsche oder Müll folglich manchmal endlos ... Aber das gehört dazu.

Wertschätzung: Wie bleibt ihr auf Augenhöhe?

Anders als häufig unterstellt bedeutet eine Erziehung mit Bindung und Beziehung im Kern *nicht*, dass Kinder und Jugendliche automatisch die gleichen Rechte im Familienleben haben sollten wie die Erwachsenen! Sie können viele Entscheidungen nicht so durchleuchtet treffen wie ihre Eltern und brauchen Orientierung. Wichtig ist dabei aber, dass ihnen der gleiche *Wert* zugestanden wird.

Was kannst du tun?

Das heißt, dass du deinen Teenager ernst nehmen sollst, seine Standpunkte anhören und akzeptieren, auch wenn sie deinen elterlichen entgegenstehen.

Du solltest ...

- achtsam mit den Meinungsäußerungen deines Kindes umgehen und nicht von oben herab belehren – *„Ich sehe das anders, aber ich sehe deine Seite!"*
- dein heranwachsendes Kind deine Anerkennung spüren lassen – *„Das finde ich toll an dir!"*
- ihm zeigen, dass es eine wichtige Rolle im Familienverband spielt – *„Wir möchten dich nicht übergehen. Deine Meinung ist wichtig, um einen Kompromiss zu finden!"*

UND WENN ICH BISHER NICHT IMMER WERTSCHÄTZEND MIT MEINEM KIND UMGEGANGEN BIN?

Es ist nicht selten, dass Eltern mit sich und ihren bisherigen Erziehungsentscheidungen hadern. Viele von uns steckten lange in alten Denkmustern fest, hatten Sorge, den Kindern zu viel Vertrauen zu schenken, wurden von ihrem Umfeld argwöhnisch beobachtet und haben deshalb vielleicht öfter mal härter reagiert als geplant.

Auch dann kann man sich noch auf die Wichtigkeit der Beziehung besinnen. Diesen Eltern wäre angeraten, sich gut zu informieren, wozu ihr Kind schon imstande ist, bewusst die Blicke der Nachbarn und kritischen Freunde außen vor zu lassen und vor allem ganz, ganz viel mit ihren Kindern zu sprechen (entsprechend den Anregungen und Tipps in diesem Buch).

Hilfreich kann es sein, sich für bestimmte Situationen kleine Merksätze zu überlegen, die man sofort greifbar hat, um für sich neues, ungewohntes Verhalten gegenüber dem Teenager einzuüben:

- Dein Kind wird laut und wütend. – *„Ich will das gerne mit dir lösen, aber in Ruhe. Brauchst du noch Zeit, bis wir reden können?"*
- Dein Kind kritisiert dich. – *„Wie würdest du es lösen?"*
- Dein Kind ist dir unangenehm. Besinn dich darauf, wie sehr du es liebst und dass es das, was es tut, nicht gegen dich tut, sondern um sein Ziel zu erreichen. – *„Ich liebe dich. Ich möchte das so nicht. Können wir es anders angehen?"*

- Dein Kind ist auffällig anders als sonst. – *„Was fehlt dir?“*
- Dein Kind sieht nur seine Seite. – *„Ich sehe das anders! Ich erkläre dir, warum!“*

Die Jugendlichen sind nicht unsere Feinde, auch wenn sie aufbrausend und auf sich fokussiert manchmal so wirken. Man kann sie wieder in Beziehung zu sich bringen, indem man aufeinander zugeht. Verhärtete Fronten sorgen nur für Frust – bei allen Beteiligten.

Zwanghaftes Festklammern an „Vorschriften von oben“, indem du das theoretisch ja bestehende Machtgefälle ausnutzt, funktioniert nur solange, bis dein Kind als Jugendlicher deine Macht infrage stellt. Dies ist nicht sinnvoll für eine gesunde Entwicklung innerhalb des Familienverbandes. So solltest du dich möglichst nicht verhalten bzw. dieses Verhalten deutlich vor der Pubertät abgelegt haben. Sonst wird es schwierig, gegenseitiges Vertrauen zu ermöglichen.

WIE WIRKEN SICH VERSCHIEDENE ERZIEHUNGSSTILE AUS?

Ich habe hier vier extreme Stile ausgesucht. In der Realität liegt das Verhalten der meisten Eltern oft irgendwo gemischt dazwischen:

Überbehütend – der Verwöhner

Eltern, die sich selbst als sehr liebevoll und an ihrem Kind interessiert beschreiben würden, sind manchmal leider mehr als das: nämlich zu interessiert, zu kontrollierend und dabei überängstlich. Sie agieren eher unterdrückend, aber immer unter dem Deckmantel des „Nur-gut-Meinens“. In ihren Aussagen wechseln sie häufig zwischen Dominanz und Unterwürfigkeit, das heißt, sie warnen, bitten und fordern – und beschränken die Entwicklung der Eigenverantwortlichkeit ihrer Kinder. Diese werden dadurch häufig selbst ängstlich und übervorsichtig.

Autoritär – der General

Zwischen autoritären Eltern und ihren Kindern findet wenig Kommunikation statt und wenn, dann ist es keine produktive, zugewandte. Es kommt ständig zu Konfrontationen, auch von Elternseite aus. Den Kindern wird kein Mitspracherecht gewährt, alles wird für sie entschieden, Gespräche werden nicht angeboten. Die Kinder sollen hören, folgsam sein und bloß nicht diskutieren. Es wird kontrolliert und leider auch noch immer manchmal körperlich oder psychisch Gewalt ausgeübt.

Hier entwickeln die Kinder sich oft erst einmal zu sehr unrealistischen und unselbstständigen Persönlichkeiten in starker Abhängigkeit zu ihren Eltern. Die pubertäre Ablösung kann daher sehr heftig werden.

Zurückweisend – der Abwesende

Manche Eltern sind ihren Kindern gegenüber sehr distanziert, vor allem emotional. Ihnen fehlen Wärme und der Wille, ihr Kind zu unterstützen. Manchmal gipfelt das in Gleichgültigkeit und Vernachlässigung, manchmal sogar in offener Feindschaft.

Natürlich zeigen gerade junge Kinder noch, dass sie Zuneigung brauchen. Die Reaktion darauf kann ein Schulterzucken sein, manchmal reagieren Eltern aber sogar eher bestrafend. Das kann dazu führen, dass diese Kinder „verlernen“, nach Beziehung zu streben.

Hier fehlen Hilfe, Unterstützung, Vorbild und Verbindung. Der Teenager wird eher haltlos sein – und vielleicht woanders (eventuell in riskanten Bereichen) Halt suchen.

Beziehungsorientiert – der Freigebige

Im Gegensatz zu den oben genannten Stilen werden hier vertrauensvoll Freiheiten und Autonomie gewährt. Eltern erklären sich und hören ihren Kindern zu. Sie erwarten keinen Gehorsam und möchten ohne Kontrolle auskommen. Sie sind jedoch zugewandt und hilfreich.

Fachleute sagen, dass die Teenager in dieser Konstellation am wahrscheinlichsten starke, autonome Personen werden.

Was sagen andere Eltern?

Christina (44), Mutter eines Sohnes (15), über Kooperation:

Unser Sohn hat sein Zimmer im Spitzboden, mit Dachfenster, über das man auf den flachen Dachteil gelangt. Er sitzt gern dort, was wir so weit tolerieren. Neulich hatte er zwei Mädels zu Besuch und ist mit denen da raus. Mein Freund, angesprochen vom Nachbarn, wollte ihnen das verbieten. Der Sohn wollte sich, insbesondere vor den Augen der Mädels, nichts sagen lassen und hat ihn ignoriert. Ich sollte dann eingreifen. Das habe ich abgelehnt, weil nicht ich das Verbot ausgesprochen habe und auch nichts durchsetzen will, was ich nicht genauso sehe. Ich habe dann gewartet, bis sie runterkamen und die Mädchen weg waren. Hab mit ihm gesprochen, erklärt, warum wir das nicht möchten (gefährlich, gut drei Meter hoch und kein Geländer), und ihn gebeten, keinen Besuch mehr mit hinzunehmen. Das hat er eingesehen und macht es nicht mehr.

Respekt: Wie lebt man ohne Strafen?

Mit zur Wertschätzung gehört der respektvolle Umgang, der bei einem Fokus auf gute Beziehung ausschließt, dass du deine Macht missbrauchst. Kommt es zu Situationen, in denen ein Jugendlicher ein Verhalten gezeigt hat, das du als Elternteil als „falsch" interpretierst, dient es eurer guten Beziehung und schließlich auch der Lösungsfindung ...

- dass du dein Kind weder bloßstellst,
- noch gehässig oder herablassend beschimpfst
- noch vor lauter „Rachegefühlen" bestrafst.

„Ein Mensch, der sich geschätzt fühlt, wird immer mehr tun als erwartet."
@stilalive80, Twitter

Strafen sind immer noch ein allzu übliches Erziehungsmittel, das einem viel zu schnell in den Sinn kommt. Häufig gibt es auch heute noch Empfehlungen, man könne sich hier ruhig kreativ ausleben, damit die Maßnahmen auch lange in Erinnerung bleiben – das klingt jedoch mehr nach Hundeschule der alten Art als nach guter Beziehung! Bestrafst du dein Kind, schaust du nämlich nur eindimensional auf sein Verhalten im entsprechenden Moment: Es hat gestört, etwas vergessen, jemanden verletzt, etwas kaputt gemacht, es hat uns etwas verheimlicht, einen Freund oder Verwandten verärgert ... Es hat ein „Problem gemacht".

Mit der Bestrafung reagierst du nur auf dieses Problem. Du verbietest, verpackst alles tief im Kind, belässt es dabei, dass es vielleicht psychisch belastet ist. Du deckelst Gefühle und Sorgen, nimmst ihm etwas weg – du schaust nicht hin, was zu der Situation geführt hat.

Es war womöglich nur eine Kleinigkeit, aber es könnte auch etwas Größeres gewesen sein – egal. Du nimmst dir die Möglichkeit, dein Kind und seine Probleme zu verstehen. Und: Du verletzt es zurück! Denn du nutzt deine Macht und reagierst so oder so mehr oder minder mit einer Art Liebesentzug. Wenn du dein Kind in solch einer Situation bestrafst, verlierst du noch mehr den Kontakt, der eventuell schon gerade nicht gut ist. Das kann den Entwicklungsweg des Kindes unnötig stören und verlängern.

Das solltest du nicht tun!

Es ist nie förderlich, ein Kind zu bestrafen.

- Die Kinder werden sich nicht mit dem auseinandersetzen, was dazu geführt hat, dass es eine ungute Situation gab.
- Die Kinder werden sich mit der Strafe auseinandersetzen.
- Die Beziehung wird leiden.

- Womöglich werden sie sich Strategien überlegen, wie sie nicht mehr „erwischt“ und bestraft werden können und von nun an Geheimnisse vor einem haben.
- Eventuell werden sie auch traurig sein, sich schämen.
- Vielleicht werden sie sich unfair behandelt fühlen und aggressiv werden, (noch) etwas kaputt machen oder ihre Wut auf den strafenden Elternteil richten.
- Vielleicht werden sie ihre Traurigkeit in aller Stille in sich selbst verarbeiten, mit schwindendem Selbstwertgefühl.
- Oder sie werden den Kummer und Frust betäuben mit „schönen“ Dingen – statt guten Beziehungen.

Was sagen andere Eltern?

Hanna (43), Mutter zweier Töchter (12 und 16), über Offenheit:

Mir fällt nicht nur eine Situation ein, in der es bei uns sicher besser läuft als in autoritären Elternhäusern mit Machtspielchen. Ich erlebe momentan immer wieder, dass ich das Vertrauen meiner großen Tochter genieße. Sie erzählt mir Dinge, die andere Eltern nicht erfahren, von Alkoholkonsum etc. Es gibt woanders striktere Anweisungen und Verbote. Ich sage eher: „Ich kann nicht 24/7 gucken, was du tust, und wenn ich es bei Strafe verbiete, tust du es wahrscheinlich heimlich. Deshalb warne ich dich vor diesem oder jenem und vertraue darauf, dass du eine gute Entscheidung triffst.“

Außerdem bitte ich manchmal darum, vorher zu Rate gezogen zu werden. Das funktioniert bisher sehr gut. Sie weiß, dass sie mir alles anvertrauen kann, ohne bestraft zu werden. Offenheit und Vertrauen und Respekt füreinander. Bei anderen Eltern weiß ich, dass die Kinder Geheimnisse vor ihnen haben, weil sie Angst haben vor der Reaktion der Eltern. Das Einzige, was mein Kind besser mit anderen besprechen konnte, war die Phase, in der es überlegt hat, zum Vater zu ziehen. Ich vermute, weil es mich verletzt hat und ich da nicht so souverän bleiben konnte.

Wer Strafen nutzt, will eigentlich, dass ein als problematisch empfundenes Verhalten aufhört oder will manchmal auch so etwas ausleben wie „kleine Rachegefühle“. *„Das kann man doch nicht durchgehen lassen!“*, hallt es dann im Elternkopf. Und: Nein, man soll Dinge, die einen stören, nicht einfach auf sich beruhen lassen. Eltern wollen dann auch ihren Unmut loswerden und sollen es auch. **Aber es gilt, dabei das Selbstwertgefühl der Kinder nicht zu verletzen.**

Sie sollen ...

- möglichst gut hinsehen – *Was ist schiefgelaufen und warum?*
- sich besser fühlen – *„Du kannst das bereinigen!“*
- etwas lernen und es zukünftig anders regeln.

Was kannst du tun?

Du als Elternteil musst da Orientierung geben, anleiten: Hilfe geben und wissen lassen, dass Unterstützung da ist. Egal was war, dein Kind soll kommen und wissen, dass es einen Ort für seine Situation gibt!

Dass es überhaupt zu einer Situation gekommen ist, die andere gegebenenfalls bestrafen würden, sollte man sich genauer anschauen.

- *Gibt es ein tieferliegendes Problem im Kind?*
- *Ist zum Beispiel sein Selbstwertgefühl eher gering?*
- *Was macht mein Kind zum Dieb?*
- *Wieso wurde es zum Mobber?*
- *Warum ist es zurzeit ein Lügner?*
- *Welche Sorgen machen es zum Schläger?*

Startest du damit, dich zu informieren, was passiert ist, um es zu verstehen, ist das der erste Schritt zur Lösung: *„Ich weiß in etwa, was geschehen ist. Bitte erzähle mir deine Sicht.“*

Was sagen andere Eltern?

Hans (40), Vater eines Sohnes (15), über Diebstahl:

Unser Sohn kam ganz von sich aus zu uns und gestand einen Ladendiebstahl. Uff, das war echt kein gutes Gefühl! Im ersten Moment denkt man ja nur, man hat bei irgendetwas versagt, und sieht schon tausend andere Straftaten am Horizont aufziehen. Aber nach dem ersten Schlucken konnten wir uns konstruktiv mit seiner Tat auseinandersetzen. Er wusste schon, dass das echt nicht okay war – da mussten wir nicht mehr viel sagen. Doch wir ließen ihn überlegen, wie er das wieder geradebiegen könnte.

Er wollte des Geklaute sofort zurück ins Geschäft bringen und sich entschuldigen. Das fanden wir gut. Ich habe kurz überlegt, ob ich ihn da allein hindurchschicken sollte, damit es ihm auch wirklich eine Lehre wäre, aber ich sah seine Angst. Darum habe ich mich entschieden, ihn zu begleiten, doch im Hintergrund zu bleiben. Mit mir im Rücken hat er das ganz toll geregelt. Der Ladenbesitzer war überhaupt nicht böse. Er sagte, es würde so viel geklaut, und er würde ja die jungen Leute kennen, die nicht so viel Geld hätten und aus Neid auf dumme Gedanken kämen. Die wenigsten kämen aber jemals von sich aus zurück. Er hat auch mir noch gesagt, wie gut er unser Vorgehen fand, und uns zum Abschied erklärt, wir dürften gerne als Kunden wiederkommen. Ich bin sicher, dass diese Lösung etwas mit unserem Sohn gemacht hat und er das nicht mehr machen wird. Er hat auch den Verkäufer gesehen, für den das Klauen echt eine Belastung ist. Hätte ich die Sache zurückgebracht, hätte er dem Mann nicht zugehört. Und hätten wir ihn zusätzlich mit Fernsehverbot oder was weiß ich bestraft, wäre er nur sauer geworden, nicht klüger.

Das solltest du tun!

Du musst dich für dein Kind interessieren – nicht für sein Verhalten. Wer Strafen nutzt, wünscht sich, dass sein Kind ein Einsehen hat. Doch damit wird man es schwerlich erreichen. Begegnet man ihm hingegen ohne Strafen und ohne eine angsterfüllte Atmosphäre, kann es gerade in solchen Momenten lernen, was es bedeutet …

- sozial zu sein.
- wie man einen Fehler korrigiert – *Fehlverhalten kann man bearbeiten und ändern!*
- Verantwortung übernimmt – *„Steh dazu!“*
- Probleme gemeinschaftlich löst – *„Wir machen das gemeinsam!“*

Nur so werden die Kinder gestärkt, um es in ihrer Zukunft auch allein zu schaffen. Und sie an diesen Punkt zu bringen, ist ja eine unserer Elternaufgaben.

Ein Erziehen ohne Strafen hilft den Jugendlichen durch Beziehung und Kommunikation dabei, Mitgefühl zu entwickeln – damit sie die Möglichkeit haben zu verstehen, warum das, was sie getan haben, jemand anderem vielleicht wehgetan hat.

(Die Tatsache, dass es Bußgelder für zu schnelles Fahren gibt oder Gefängnisstrafen für Straftaten, wird immer wieder als Beleg dafür herangezogen, dass „Strafen sein müssen“. Zum einen sind diese Taten, ihre Entstehungsformen und die Beziehungsformen zwischen den Handelnden aber ganz andere. Und zum anderen heißt es selbst im Umgang mit zum Beispiel straffälligen Jugendlichen oder jungen Erwachsenen, dass Prävention in Form von Schulung von Empathie, Kommunikation, Kooperation und Emotionskontrolle deutlich sinnvoller ist als bloße Sanktionen und Strafen. Dann muss es für Eltern oder für Pädagogen in Schulen doch erst recht klar sein, dass die Kinder nicht lernen, sich anders zu verhalten, wenn sie mit Strafen belegt und von uns weggeschoben werden.)

Du solltest dich also, statt zu bestrafen, auf eine respektvolle Lösung konzentrieren:

- *Wie kann etwas Geschehenes wieder geradegebogen werden?*
- *Wie kann es zukünftig anders laufen?*
- *Wie kann man gemeinsam an Kompromissen und Lösungen arbeiten?*

EXTRATIPP

Kinder und Jugendliche, die ohne Bestrafungen aufwachsen, gelten als selbstbewusster, leistungsbereiter, kooperativer (was strafende Eltern ja paradoxerweise eigentlich erreichen möchten) und glücklicher. Aus meiner Erfahrung kann ich sagen, dass straffrei aufwachsende Kinder nicht häufiger Verbotenes tun, nur weil sie gefühlt mehr Raum dazu hätten. Sie kennen das Gespräch und das Finden von Lösungen. Wenn sie etwas unbedingt wollen, sprechen sie es an. Wenn etwas nicht richtig ist, fühlen sie das ziemlich gut. Und wenn sie doch einmal über die Stränge schlagen, sagt ihnen ihr Gewissen sehr schnell, dass sie sich jemanden suchen sollten, um darüber zu reden – am besten einen Elternteil.

Kinder in unserem Umfeld, die mit Strafen aufwachsen, erleben meine Kinder und ich als Menschen, die viel lügen und vor ihren Eltern verbergen. Das finde ich wahnsinnig schade. Es geht sehr gut ohne Strafen!

Ich rate hier, lieber immer wieder miteinander zu reden – in Beziehung zu bleiben!

Und was ist mit „Konsequenzen“?

Bei der Auseinandersetzung mit dem Begriff „Strafe“ wabert immer auch der Begriff der „Konsequenzen“ umher: Wenn etwas von einem Kind getan oder gelassen wird, das ich als Elternteil nicht okay finde, ist alles, was ich mir extra überlegen muss, eine Strafe (zum Beispiel Zimmer nicht aufgeräumt trotz Absprache = Taschengeldentzug) – und damit beziehungsschädlich. Was ganz von allein aus einem Tun oder Lassen des Kindes heraus passiert, sind „natürliche Konsequenzen“ – die sich keiner ausdenken muss (zum Beispiel Zimmer nicht aufgeräumt trotz Absprache = Zimmerboden kann nicht gesaugt werden).

Aber wenn Kinder durch ein Handeln oder Nichthandeln die Grenzen ihrer Eltern überschreiten, dann reagieren diese zunächst einmal mit persönlichen Konsequenzen – das ist in Ordnung und muss raus! Eltern sollten zeigen, wie es ihnen geht (zum Beispiel Zimmer nicht aufgeräumt trotz Absprache = Enttäuschung, da sie sich nicht ernst genommen fühlen, Frust, weil eine Zeitplanung nicht klappt). Da kann es dann auch mal passieren, dass sie schreien oder schimpfen, aber das Ziel sollte Beziehung bleiben: ein Gespräch und ein Erklären, was ihnen nicht gefällt, ein gegenseitiges Wahrnehmen und Verstehen, eine Lösungssuche.

Reden: Wie reden (und streiten) wir echt miteinander?

Um in guter Beziehung zu bleiben, ist das Reden unerlässlich. Sprechen, reflektieren und sich austauschen treten an die Stelle des Spielens ...

- um die Welt zu erfahren und einzuordnen,
- um sich und sein Umfeld zu verstehen,
- um Gedanken und Eindrücke zu sortieren,
- um Entscheidungen zu treffen,
- um Probleme zu lösen.

EXTRATIPP

Das Nachdenken über sich selbst, das der Teenager immer verlässlicher kann, vereinfacht unseren Austausch. Es dient aber auch dazu, dass er nach und nach eine schlüssige Identität ausbildet. Diese Aufgabe benötigt ein Außen, also uns Eltern, die vor allem

- mitdenken – *„Ich sehe, was du meinst!“*
- den Teenie zugewandt spiegeln – *„So wirkst du auf andere!“*
- Bedenken äußern – *„Das finde ich bedenklich, weil ...“*,

damit das Selbstbild des Jugendlichen ein realistisches wird.

Echter Dialog sollte dabei – egal zu welchem Thema – immer miteinander stattfinden. Das heißt, es braucht keine „polizeilichen Verhöre" voller Unterstellungen und Angriffe, kein „Gegeneinander". Das wäre kontraproduktiv.

UND WENN MAN DANN DOCH SCHREIT?

Verliert man doch einmal die Fassung, sollte man tunlichst unterbrechen und erst in einem ruhigen Moment wieder aufeinander zugehen. Es ist ein Irrglauben zu denken, dass alle Konflikte immer sofort gelöst werden müssen. Es darf Bedenkzeit geben! Es darf Ruhepausen geben!

- *„Moment, wir sind beide zu laut! Lass uns unterbrechen. Das macht so keinen Sinn."*
- *„Ich brauche kurz Zeit, um darüber nachzudenken."*
- *„Willst du dir Zeit nehmen?"*
- *„Lass uns später reden!"*
- *„Schrei mich nicht so an!"* – eine Forderung, die sowohl die Großen als auch die Kleinen stellen dürfen.

Wichtig ist, danach wieder aufeinander zuzugehen und ins Gespräch zu kommen, um die aggressive Stimmung zu verändern:

- *„Wie sieht es jetzt aus mit einer Klärung?"*
- *„Ich bin ruhiger. Du auch?"*
- *„Sollen wir es noch einmal versuchen?"*

Man muss nur klar aussprechen, eine Pause zu machen, und entsprechend ankündigen. Und auch Kinder dürfen dies einfordern, wenn ihre Eltern ihnen zu wütend erscheinen!

Was sagen andere Eltern?

Sarah (42), Mutter einer Tochter und eines Sohnes (11), über Wutausbrüche im Gespräch:

Ach ja, unsere Tochter. Manchmal erinnere ich sie an etwas, was sie vielleicht gerade schon macht, dann zickt sie heftig und wird richtig laut. Ich erwidere ihr dann, dass ich es nur gut gemeint habe und sie deshalb nicht so zu zicken braucht. Sie sieht das dann auch ein, also sind wir beide zufrieden. Oder wenn sie manchmal heftig zickt, nehme ich sie in den Arm oder kratze sie am Rücken, was sie sehr gerne mag und wieder runterbringt. Viele Eltern würden Theater machen, dass ihre Tochter so nicht mit ihnen zu sprechen hat oder sich ihnen gegenüber verhalten darf. Ich bekomme unsere Tochter mit Ruhe wieder runter. Ach ja, und was ich schon oft, besonders meinem Sohn, erklärt habe, ist, dass es normal ist, dass Eltern immer mal auf Kinder wütend sind und umgekehrt, dass das aber nicht heißt, dass man sich nicht lieb hat.

Erzählen und zuhören

Erzähle einerseits von dir selbst, um echte Verbindung zu schaffen. Manchmal erinnert man sich vielleicht an ähnliche Situationen von früher und kann davon berichten oder man erlebt sogar gegenwärtig ähnliche Probleme, zum Beispiel mit Freunden und Kollegen, wie dein Kind mit Gleichaltrigen und der Schule. In guten Momenten könnt ihr euch zusammensetzen, berichten – und dann kannst du deinerseits fragen und vor allem echt und interessiert zuhören! Dabei tut es deinem Kind gut, wenn es positiv zurückgemeldet bekommt, was du an dem von ihm Erzählten oder auch Getanen schätzt. Genauso relevant ist es, ehrlich nachzufragen, wenn man einen Sachverhalt gar nicht begreifen kann.

Du könntest zum Beispiel fragen:

- *„Was war heute besonders witzig?“*
- *„Wie geht es X.?“*
- *„Was ist aus X. geworden?“*
- *„Wie siehst du die Sache?“*
- *„Wie hat sich das angefühlt?“*
- *„Mir ging es mal ähnlich ...“*
- *„Das klingt schwierig für dich. Ich hab mal erlebt, wie ...“*
- *„Ich habe das einmal so gelöst ...“*

- *„Wir könnten auch X. nach seiner Meinung fragen?“*
- *„Und wie geht es dir?“*

So kann ein echter Austausch geschehen, ihr beide könnt die Perspektive des anderen einnehmen, was in eine gute Beziehung gehört und beide Seiten miteinander voranbringen kann.

Was sagen andere Eltern?
Juliane (38), Mutter eines Sohnes (11), über ein gutes Gespräch unter Einbeziehung eigener Erlebnisse:
In der neuen Klasse unseres Sohnes gab es große Probleme. Viel ging schon in Richtung Mobbing. Er war nicht so richtig betroffen, aber sein bester Freund. Dessen Eltern waren unruhig, denn ihr Sohn hatte richtig Angst, zu Hause irgendetwas zu erzählen, weil er so eingeschüchtert war. Also habe ich versucht, etwas in Erfahrung zu bringen. Unser Sohn hatte jedoch versprochen, nichts weiterzuerzählen. Er war in einer Zwickmühle. Ich war der Meinung, wir mussten offenlegen, was da genau passierte. Ich erinnerte mich an eine sehr erniedrigende, beunruhigende Situation aus meiner eigenen Schulzeit. Und obwohl es mir nicht leichtfiel, erzählte ich ihm davon – und dass mir nur geholfen hatte, alles meinen Eltern zu erzählen. Das hat ihn tatsächlich dazu bewegt, sich mir anzuvertrauen. Ich bin sehr vorsichtig mit seinem Bericht umgegangen, doch die Lehrer und der Schulpsychologe konnten damit arbeiten.

Ging es in dem Gespräch um Probleme miteinander zu Hause und findet ihr gemeinsam Ziele heraus, solltet ihr diese klar formulieren. Dies geschieht am besten als *Ge*bot und nicht als *Ver*bot: Haltet fest, was ihr tun, anders machen wollt – nicht was ihr lassen möchtet. So herum, nämlich positiv formuliert, verankert es sich besser in euren Köpfen.

Zum Beispiel:
- „Nach dem Ende der Medienzeit schalte ich das Gerät ganz aus!“
- „Ich schreibe auf den Einkaufszettel, was ich verbraucht habe!“

- „Ich sage meinen Freunden, dass sie ihre Schuhe im Treppenhaus ausziehen sollen!“
- „Ich spreche rechtzeitig mit meinen Lehrern, wenn ich merke, dass es schlechter läuft!“

Rituale helfen

Viele Jugendliche bemängeln tatsächlich fehlende Gelegenheiten für gute Gespräche mit den Eltern! Manchmal ist es wichtig, bewusst Momente zu schaffen, in denen derlei Austausch möglich ist, denn die gemeinsame Zeit wird ja immer knapper. Das kann

- ein Bettkantengespräch,
- das gemeinsame Mittagessen ohne Smartphone in der Hand,
- die Autofahrt zum Sportverein ohne zuhörende Geschwister oder Freunde auf der Rückbank,
- ein Spaziergang am Wochenende,
- ein Einkaufsbummel mit Cafébesuch

sein. Solche Rituale geben Halt in einer unsicheren Zeit.

Was sagen andere Eltern?

Yvonne (42), Mutter einer Tochter (12), über die veränderte Gesprächskultur: Meine Arbeitszeiten und die Schulzeiten und Hobbys meiner Tochter ließen immer weniger Platz für Gespräche. Manchmal war es nur ein Sich-die-Türklinke-in-die-Hand-Geben und irgendwann noch Gutenachtsagen. Das war frustrierend. Ich sprach sie darauf an und hatte den Eindruck, dass sie sich auch eine Änderung wünschte, als ihr das bewusst wurde. Wie auch Ehepartner manchmal, bei denen sich der Alltag einschleicht, mussten wir uns bemühen, freie Momente wirklich zum Gespräch zu nutzen. Wir fanden unsere Lücken am Wochenende: Bevor sich abends jeder zurückzieht mit einem Buch oder vor den Fernseher, treffen wir uns nun an ihrem Schreibtisch. Sie kann mir dort zeigen, was sie alles so Kreatives die Woche über gemacht hat. Und irgendwie kommen wir dann immer auf ihre Freundinnen und auch mal auf meine.

Seid ihr in guter Verbindung und startest du das Reden mit einem Blick auf dich selbst, so hast du gute Chancen, dass auch der Teenie sich öffnet.

Du könntest es folgendermaßen formulieren:

- *„Ich hatte so eine anstrengende Woche wegen ...“*
- *„Heute ist mir etwas Merkwürdiges passiert ...“*
- *„Ich habe ein leckeres Rezept gefunden ... Sollen wir das ausprobieren?“*
- *„Da war ein Artikel über X. Darauf hätte ich große Lust. Vielleicht wäre das was für unseren nächsten Urlaub. Was meinst du?“*

Geheimnisse immer bewahren!

Mit dem, was du erfährst, solltest du immer verantwortlich umgehen. So wie man auch die Geheimnisse eines erwachsenen Freundes nicht weiterplaudern sollte, gilt dies erst recht fürs eigene Kind. Spüren Eltern bei einem Thema Handlungsbedarf, so ist es das Beste, sich im offenen Austausch darüber zu verständigen, ob etwas und gegebenenfalls was zu tun ist. Der Teenie ist kein Kind mehr, für das man klärend die Erzieherin aufsuchen muss, um Schaden zu vermeiden. Er kann gegebenenfalls selbst entscheiden und Dinge klären und sollte dies immer wieder tun (dürfen). So kann er reifen (und schließlich auch in seine Erwachsenenrolle finden).

Das solltest du nicht tun!

Wichtig ist, dass wir Eltern darauf achten, dass wir

- nicht zu schnell interpretieren,
- nicht in Schubladen stecken,
- nicht panisch werden.

Auch Schuld zuzuweisen, sofort Vorwürfe zu machen und Verallgemeinerungen vorzunehmen (*„Du machst immer .../nie ...“*) solltest du unterlassen.

Das solltest du tun!

Besser ist es, nachzufragen, wie der Jugendliche seine Aussage gemeint hat. Empfindest du den Inhalt dann immer noch als fragwürdig oder kritisch, so solltest du

- das offen und auf dich bezogen formulieren (die sogenannte „gewaltfreie Kommunikation" empfiehlt hier klare Ich-Botschaften!). – *„Es tut mir leid!", „Ich brauche ..."*
- gemeinsam hinsehen. – *„Hast du einen Vorschlag?"*
- daran arbeiten.
- versuchen, zu spiegeln, wie du etwas Gesagtes empfindest. – *„Das fand ich gut!", „Das war für mich schwierig, weil ..."*
- gemeinsam ergründen, wieso manches bestimmten Regeln widerspricht. – *„Was glaubst du, wieso mich/uns das stört?"*
- gegebenenfalls darlegen, wie es bei Dritten angekommen sein könnte.

GEWALTFREIE KOMMUNIKATION (GFK)

Eine gute Beziehung benötigt gelungene Kommunikation. Das GfK-Konzept nach Marshall B. Rosenberg beschreibt ein Sprechen miteinander, das Vertrauen und Freude fördert, Konflikte friedlich und in Zusammenarbeit löst und einfühlsam, verbindend sowie durchaus kreativ ist. Es wird dabei immer wieder erklärt, versucht, objektiv zu bleiben und nachgefragt, um Missverständnisse und Vorurteile zu vermeiden. Nach diesem Grundmuster könntest du kommunizieren:

- *„Ich sehe dieses und jenes. Ist das so?"*
- *„Das macht mit mir, dass ich mich so fühle."*
- *„Ich brauche stattdessen aber mehr davon ..."* (statt: Du-machst-Vorwürfe)
- *„Könntest du bitte X erledigen?"*

EXTRATIPP

Meine Erfahrung ist, dass es hilfreich sein kann, bewusst verschiedene Perspektiven einzunehmen und den Inhalt so in seinen unterschiedlichen Bedeutungen für andere zu spiegeln:

- Wie geht es wohl Tina damit?
- Wie ist das wohl für Opa?
- Was sieht dann wohl dein Lehrer?

Außerdem sollten wir Eltern nie vergessen, dass wir in jedem Gespräch nach guter Überlegung auch ein klares „Ich will" äußern dürfen, wenn wir definitiv keinen anderen Weg sehen und dies begründen können.

Wie das beim Kind ankommt, ist natürlich die andere Frage. Aber wenn es von uns kennt, dass wir nicht beliebig fordern, sondern nur klar äußern, was wir brauchen und für richtig erachten und das auch bei ihm selbst anhören, wird der Umgang mit unserem „Ich will" sehr wahrscheinlich nicht einfach ignorant sein.

Authentisch zu bleiben, ist ein elementarer Punkt der Elternschaft, die auf Bindung und Beziehung Wert legt: bei sich bleiben, wenn es uns wichtig ist!

Bleib auf Augenhöhe

Nicht zu vergessen ist aus dem Blickwinkel der guten Beziehung, dass

- du als Elternteil niemals gezieltes, langanhaltendes Schweigen, also Gesprächsvermeidung und Ignorieren, als „Erziehungsmittel" (es ist eher ein Mittel von psychischer Gewalt) nutzen solltest;
- du dich bei jedem noch so dringlichen Gespräch darum bemühst, dein Kind nicht bloßzustellen. Geschieht etwas mit akutem Klärungsbedarf und sind Freunde dabei, so solltest du entweder ansprechen, dass du ein kurzes Vieraugengespräch benötigst, oder aber klarstellen, dass etwas später noch besprochen werden muss, sobald die Zuhörer weg sind. Es ist nicht sinnvoll, dein Kind zu

beschämen oder in ihm schlechte Gefühle zu verursachen, wenn du eine Veränderung erreichen möchtest. Zeigst du deine Unzufriedenheit, ist das okay, aber detaillierte Klärung sollten in Ruhe und allein erfolgen.

Auf Augenhöhe kannst du emotional sein (lachen, weinen, erzählen, mitfühlen – und auch toben, stampfen, wüten, brüllen). Aber wenn Schreien nicht nur mal aus der Situation heraus passiert, sondern Normalität ist, ist es gefährlich für die Beziehung.

Jugendliche, die Bloßstellung, Manipulation und Übergriffigkeit erfahren, werden in Folge eher lügen, sich verweigern oder sogar richtig eskalieren.

Aufeinander zugehen – nicht aufgeben!

Konflikte wird es immer geben, in jeder Familie – wie auch in jeder WG, jedem Betrieb, jeder Freundschaft. Wo Menschen sind und sie Beziehungen eingehen, gibt es Meinungsverschiedenheiten. Eltern dürfen dabei ihre Vorbildrolle, auch im Jugendalter noch, nicht unterschätzen und müssen sich hier ihrer Verantwortung bewusst sein: Eltern sind Rollenmodelle für eine gute Streitkultur,

- die lösungsorientiert und straffrei ist,
- die jeden wertschätzend anhört,
- die jeden Argumente vorbringen lässt (denn einfach nur Ja-Sager sollen unsere Kinder nicht werden!),
- die Kompromisse sucht,
- die vielleicht auch mal Tage braucht
- und die diese Tage aushalten kann, bis man eine Lösung findet.

Wichtig ist bloß, immer wieder aufeinander zuzugehen und nicht aufzugeben und das nicht bevormundend. Team bleiben! Dein Teenager sollte spüren, dass du ihm etwas zutraust: zum Beispiel

wann immer möglich ein „*Lass uns bitte noch mal zusammensetzen und es neu versuchen!*" anstatt eines „*Jetzt sag ich dir mal was: Das ist mir zu blöd – ich entscheide das, basta!*"
Und ja: Das ist Arbeit! Aber unerlässlich.

„Wir stehen nicht immer auf der gleichen Seite, aber wir finden Kompromisse und darauf kommt es doch an, oder?"
@Schnackchen_, Twitter

Wenn nicht nur Belange vom Teenie und dir betroffen sind, sondern von der ganzen Familie, von Geschwistern oder Dritten, sollte man auch hier ein offenes, größeres Gespräch mit allen Beteiligten versuchen, um Lösungen herbeizuführen.

Was sagen andere Eltern?
Birte, Mutter zweier Kinder (12 und 14) und eines Stiefsohnes (inzwischen erwachsen), über offene Gespräche:
Mir fällt spontan das Thema Lügen/Ehrlichkeit/Offenheit ein. Der Große meines Mannes hat während der Pubertät bei uns gelebt, vorher bei ihm und seiner Ex. Sie ist relativ unterdrückend und einengend unterwegs, und dort hat er gelogen ohne Ende, sich kaum geöffnet und ist ausgewichen. Bei uns war er fast immer ehrlich und offen, hatte ja nichts zu befürchten.

Die Woche im Rückblick

Am besten geht ihr zum Beispiel Freitagabend noch mal im Kopf durch, wie die Woche so war – und vielleicht könnt ihr am Wochenende etwas Versäumtes nachholen:

- Ich weiß, wie es meinem Teenie geht.
- Ich weiß, welches Thema ihn gerade am meisten beschäftigt.

- Wir hatten mindestens ein gutes Gespräch über anderes als Alltagsorganisation.
- Wir haben etwas gemeinsam unternommen (gekocht, gewerkelt, spaziert, gespielt, Sport getrieben ...).
- Ich habe etwas von mir erzählt.
- Wir haben einen Streit geklärt oder klar vereinbart, wann wir noch mal reden.

UND WENN MEIN TEENIE KEINEN BOCK AUF REDEN HAT?

Mit dem Teenager reden? Den Gedanken finden manche Eltern und vielleicht auch wir selbst ab und an befremdlich. Denn sogar wenn sie in guter Beziehung zueinander stehen, sind Eltern in manchen Phasen eben doch eher uncool. Sie können den Dialog nur immer wieder anbieten, bei Streit und Problemen auch darauf bestehen. Aber im normalen Alltag gilt es auch manches Mal zu verstehen, dass Reden gerade nicht gewünscht wird. Das muss und sollte einen nicht kränken! In der Regel ist das nicht persönlich gemeint.

Und dann? Es bei nächster Gelegenheit wieder anbieten. Die Chance wird kommen, und sie wird wieder genutzt werden.

Vertrauen und Verantwortung: Soll ich meine Kontrolle langsam aufgeben?

Zur guten Beziehung und Kommunikation gehört auch ein grundlegendes Vertrauen in die Jugendlichen und ihre erworbenen Fähigkeiten. Wer wenig vertraut, führt eine schlechte Beziehung. Das gilt nicht nur für Eltern-Kind-Verbindungen.

Im Jugendalter ist eine der schwierigsten und wichtigsten Aufgaben von uns Eltern, nach und nach Verantwortung abzugeben,

Kontrollverlust hinzunehmen – der Weg der Kinder soll ja dahin führen, dass sie Dinge allein regeln können. Dafür ist es wesentlich, dass Eltern ihren Kindern nicht von vornherein böse Absichten unterstellen. Das ist in Deutschland noch allzu oft ein typisches Muster: Argwohn = Angst! Eine Party kann einfach eine lustige Feier sein, eine Übernachtung nur ein nettes Beisammensein, ein Treffen zum Lernen wirklich ein Treffen zum Lernen u.v.m.

Was kannst du tun?

Als Elternteil mit dem Wunsch nach guter Beziehung solltest du dich davon frei machen und stattdessen offen auf dein Kind zugehen.

Du kannst ...

- dir erklären lassen, was dein Teenie plant und wie er es umsetzen möchte.
- Bedenken äußern, Sorgen offen ansprechen.
- auf einen Kompromiss bestehen.

Aber vor allem sollte dein Teenager von dir dabei unterstützt werden, ...

- mutig und selbstbewusst Entscheidungen zu treffen.
- gut angeleitet Eigenverantwortung zu übernehmen.
- nach und nach immer mehr in Selbstbestimmung zu leben.
- eine Privatsphäre auszubilden.

EXTRATIPP

Wenn unsere Teenager selbstverantwortliches Tun nicht üben dürfen, können sie hier nicht ans Ziel gelangen. Lässt man Jugendliche an möglichst vielem echt teilhaben, entstehen etliche Problemfelder gar nicht erst, weil sie Mitbestimmung, Gehörtwerden und Kooperation gewöhnt sind.

Schenkt man Vertrauen und übergibt Verantwortung, so entstehen großartige Chancen. Natürlich gehen hiermit immer Risiken einher, denn so ist das Leben. Du kannst nicht alles ausschließen und von deinem Kind fernhalten – und das ist auch nicht deine Aufgabe!

Du musst es stattdessen befähigen, die Risiken einzuschätzen und schließlich allein nach diesen Überlegungen gute Entscheidungen zu treffen. Damit sollte es spätestens ab Beginn der Pubertät immer mehr – gut angeleitet – beginnen.

Was sagen andere Eltern?

Joe (40), Vater einer Tochter (12) und eines Sohnes (7), über eigenverantwortliches Entscheiden:

Letzten Monat wäre eine Klassenfahrt gewesen. Wir hatten Bauchschmerzen damit wegen verschiedener Aussagen der begleitenden Lehrerin. Wir haben unsere Tochter aber natürlich gefragt, wie sie sich bei einer Teilnahme sieht, und sie sagte nur: „Wenn die wollen, dass ich nach zwei Tagen die Hälfte der Jungs in der Klasse einen Kopf kürzer mache, fahre ich mit. Sonst darf ich doch bitte zu Hause bleiben.“ Und so entschieden wir uns gemeinsam und auf Grundlage ihrer Gefühle gegen die Mitfahrt.

Natürlich kann so ein Spielraum auch Stress bedeuten, denn zum einen sind nicht alle Eventualitäten immer gut im Vorfeld abzuwägen, und zum anderen fehlt den Jugendlichen noch manche Fähigkeit, um jede Verantwortung zu tragen. Oft können Eltern sich hier tatsächlich auf die Gleichaltrigen verlassen, die Orientierung geben. Und anderenfalls musst du hier und da noch mal einen Schritt zurückgehen und wieder mehr Leitlinien anbieten.

EXTRATIPP

Vorsichtig sein müssen wir Eltern beim Abgeben von Verantwortung damit, dass wir die steigende Selbstständigkeit unserer Kinder nicht zum Anlass nehmen, uns insgesamt weniger zu kümmern und seltener gut in Beziehung zu gehen. Die Kinder würden sich dann vermutlich zwar frei fühlen, aber eventuell weniger wertgeschätzt und angeleitet – also über kurz oder lang Probleme bekommen, sich zurechtzufinden. Orientierung und Nähe müssen bleiben. Eine ausreichende Häufigkeit an guten, gemeinsamen Momenten sollte gesichert sein.

Das Schenken von Vertrauen ist auch deshalb so wichtig, weil die Teenager sich auf dem Weg zum Erwachsensein ablösen und selbst finden sollen, das heißt ...

- ein Selbstwertgefühl ausbilden,
- gutes Selbstvertrauen entwickeln,
- ein wirklichkeitsnahes Selbstbild erarbeiten.

All das kann nur entstehen, wenn man sich ausprobieren, etwas allein schaffen durfte. Du als Mutter oder Vater bist dann nur noch der Rahmen, der bestimmte Bedingungen absteckt, und der Spiegel, der rückmeldet, wie etwas gelaufen ist. Versuchst du hingegen mit Strenge deinen Lebensplan fürs Kind durchzupressen, wird das Erwachsenwerden kein Ablösen in Beziehung sein, sondern ein distanziertes Kämpfen.

Das solltest du nicht tun!

Teenies müssen lernen, dass sie Fehler machen dürfen, nicht perfekt sein müssen. Wird dem Jugendlichen immer wieder zu verstehen gegeben, dass aus eigenen Entscheidungen resultierende Fehler ganz fürchterlich sind, wird er aufhören, Verantwortung zu übernehmen.

Er wird eher unverbindlich bleiben, sich alle Optionen offenlassen, was vielleicht flexibler wirkt, aber auch weniger souverän ist.

Was sagen andere Eltern?
Nina (39), Mutter von drei Söhnen (5, 8, 13), über das Eingestehen von Fehlern:
Elternschaft in Beziehung ist für uns Vertrauen, auch wenn man Fehler macht. Der Große hat uns vorgeworfen, wir hätten früher viel falsch gemacht und wären weniger verständnisvoll gewesen als mit unserem Jüngsten. (Dazu muss man wissen: Der Große ist Autist, der Kleine Verdachtsautist, daher vergleicht er da besonders.)
Anstatt alles abzustreiten und seine Wahrnehmung infrage zu stellen, haben wir ihm zugehört. Und da waren natürlich Fehler, die wir gemacht haben, aus Unwissenheit, Dummheit etc.
Wir haben uns bei ihm entschuldigt und gefragt, ob er die Entschuldigung annimmt. Er entgegnete dann: „Na klar, schon längst, ich wollt euch nur mal sagen, dass ich das nicht fair fand, und ich weiß, dass ihr mich ernst nehmt!“

Das solltest du tun!

Stattdessen sollte gelehrt und vorgelebt werden, ...

- dass es okay ist, sich nach guten Argumenten einmal zu entscheiden und nicht beliebig zu bleiben.
- die Richtung gezielt noch mal zu ändern, wenn man feststellt, dass dies der falsche Weg war.
- mit Fehlern zu leben und daran zu arbeiten.

Das ist nicht inkonsequent, sondern klug und wichtig.

„22.15 Uhr, Schulfeier. ‚Mama, fahr ruhig nach Hause, ich komm später allein.‘
*atmen, vertrauen
22.30 Uhr, Anruf. ‚Mama, wir schlafen alle bei xy im Garten!‘
*weiteratmen, weiter vertrauen
Dieses Atemtraining bei der Geburtsvorbereitung.
Das war übrigens für die Pubertät.“
@vollekannette, Twitter

Mitsein: Wie verbringe ich gute Zeit mit meinem Teenager?

Einfach nur Zeit am gleichen Ort, im gleichen Raum zu verbringen heißt nicht, dass Verbindung entsteht. Wenn du kein Interesse am Teenie zeigst, ist die investierte Zeit umsonst.

Was kannst du tun?

Der Begriff des Mitseins wurde aus dem Werk „Der Kreis der Sicherheit. Die klinische Nutzung der Bindungstheorie“ der Forscher Powell, Cooper, Hoffmann und Marvin übernommen und gibt uns Eltern Folgendes mit:

- Eltern sollten ihren Kindern die Bereitschaft signalisieren, echt und interessiert sowie verständnisvoll mit ihnen Momente zu erleben, die sie mit ihnen teilen möchten.
- Eltern sollten klar sagen, wenn ihnen das gerade nicht möglich ist, aber es wann immer möglich tatsächlich tun.

Was sagen andere Eltern?

Ingrid (39), Mutter einer Tochter (13), über schwierige Kinderthemen: Meine Tochter ist gerade in einer Phase, in der sie viel über Stars und Sternchen aus Zeitschriften und YouTube-Videos erzählt. Mich interessiert so etwas von ganz und gar fremden Leuten gar nicht. Es fällt mir oft schwer, ihr da zuzuhören. Aber ich habe gemerkt, dass es sie traurig macht, wenn sie das nicht teilen kann. Sie braucht das auch ein bisschen, um all diese merkwürdigen Informationen zu verarbeiten, glaube ich. Darum setze ich mich jetzt immer richtig zu ihr und versuche, ganz in ihr Erzähltes einzutauchen. Wenn ich mir vorstelle, das ist eine gute Buchstory oder so etwas, dann geht es ganz gut. Und manchmal hab ich mich inzwischen sogar schon beim Nachfragen erwischt, wie es denn der oder jener wieder ergangen ist!

Du benötigst nicht unendlich viel Zeit mit deinem Kind, aber gute. Das heißt, es sollte echtes Interesse an Kind, Freunden, Hobbys usw. bestehen, auch wenn es schwerfallen mag, etwas ernst zu nehmen oder eine Begeisterung zu teilen.

Den Jugendlichen so zu akzeptieren, wie er ist, ist wichtig. Ihn zu verlachen, ist keine Option – wenn schon, dann solltest du ernsthaft erläutern, warum du eine Position nicht verstehst.

Das solltest du tun!

Und das tust du in guter Bindung und Beziehung eben durch Mitsein:

- empathisch/mitfühlend,
- ohne Ablenkung in dem Moment
- und vor allem auch tolerant gegenüber egal welchem gezeigten Gefühl – von Wut bis zu überschwänglicher Freude.

Hilfreich ist es, sich darauf zu besinnen, dem Jugendlichen durch simple Kleinigkeiten zu zeigen, wie sehr man gerade im Moment ist:

- sich dazusetzen,
- ihn anschauen,
- alles andere weglegen,
- eine Berührung anbieten.

Dies sind kleine Gesten, die öffnen und verbinden.

EXTRATIPP

Dass es eine Zeit lang vielleicht mal eher still, vielleicht sogar ein bisschen „fremd“ zwischen uns Eltern und unserem Teenager wird, sollten wir akzeptieren. Das geht nicht gegen uns – ebenso wie das „Du blöde Mama!“ mit drei Jahren auch nicht.

Jeder geht seinen eigenen Weg, um sich selbst neu zu sortieren und gut aufzustellen. Man kann nur immer wieder Nähe anbieten, nicht erzwingen.

Freunde: Wie gehe ich mit den Gleichaltrigen um?

Die Gleichaltrigen sind enorm wichtig für den Reife- und Ablöseprozess der Teenager. Ihnen allen ist gemein, dass sie zwischen Kindheit und Erwachsenenalter stehen. Sie machen ähnliche Erfahrungen, die sie im Austausch durchdenken können. Wir Erwachsenen suchen uns zum Besprechen bestimmter Themen ebenso Menschen aus, die uns besonders gut verstehen können. Je nach Bereich muss das nicht die engste Bezugsperson sein. Und so geht es den Kindern auch: Es müssen und können nicht immer die Eltern sein. Freunde geben Rückhalt. Je mehr gute Bezugspersonen ein Mensch hat, desto besser kann er sich im Bereich soziales Lernen entwickeln: das heißt verschiedene Wesensarten, Blickwinkel, Kommunikationsformen und vieles mehr kennenlernen – und bei mehr Personen in Sicherheit andocken.

In Bezug auf die Freunde des heranwachsenden Kindes ist es hilfreich, sich offen zu zeigen. Auch Kinder müssen ausprobieren, wer gut zu einem passt, welche Art von Beziehungen möglich sind und von welchen Menschen man sich wieder trennen möchte. Beratend und fragend können Eltern sich anbieten, beim Sortieren und Bewerten zu helfen. Aber wenn keine großen Ängste mit den gefundenen

Freunden einhergehen, sollten sie auch hier dem Kind vertrauen und ihm die Kontrolle über die Freundschaften überlassen.

Was sagen andere Eltern?

Nina (35), Mutter eines Sohnes (15), über Freunde:

Mein Sohn ist in einen falschen Freundeskreis geraten. Es ging um Schlägereien, bei denen er passiv dabei war, um Drogen, Alkohol und ums Rauchen. Vor drei Wochen hat er von sich aus die Kontakte komplett abgebrochen. Er hat gesagt, dass ihm ein Ziel fehlt, dass er sich lange Zeit hässlich fand und gemerkt hat, dass er sich negativ verändert. Er möchte gerne mit jemandem vom Jugendamt reden bzw. eine Therapie machen. Und ich werde das unterstützen. Ich würde behaupten, wäre er es nicht gewohnt gewesen, dass wir immer offen über unsere Gedanken und Gefühle reden – sowohl er mit mir als auch ich mit ihm über meine –, dann müsste er das nun mit sich ausmachen. Er hat aber auch so viel Selbstvertrauen und Selbstbewusstsein, dass er selbst weiß, wer ihm guttut und wer nicht.

Was kannst du tun?

Im Rahmen ihrer Klassengemeinschaften, Cliquen und Freundschaften können die Kinder sich „ohne Überwachung“ ausprobieren, erfahren Bestätigung oder Kritik und bleiben hier wenigstens sozial eingebunden, auch wenn sie sich von uns phasenweise sehr stark lösen. Dies muss man positiv sehen: lieber ein Freund zum Ausweinen als Rückzug und Abkapslung, weil die Eltern nicht infrage kommen. Und man sollte dies auch signalisieren: Das Zuhause sollte ein Ort sein, der die Freunde willkommen heißt. Und Eltern sollten bemüht sein, sie kennenzulernen. Das heißt nicht, dass du jeden Freund mögen musst. Doch du solltest ihm eine Chance geben und ihn genauer kennenlernen, wenn die Teenies dies zulassen.

Es ist richtig, dass die Gleichaltrigen zeitweise die verschiedenen Lebensbereiche bewerten. Doch davor solltest du wiederum keine

Angst haben. Ist dein Kind informiert, aufgeklärt und selbstbewusst, kannst du es loslassen und darauf vertrauen, dass es gute Entscheidungen trifft, dass jedes Ausprobieren einigermaßen überlegt geschieht und keine fürchterlichen Auswirkungen für den Rest seines Lebens haben wird.

Zu viel elterliche Kontrolle würde ebenso wie ausuferndes Kritisieren und Schlechtmachen von Kumpels vermutlich eher zu Trotzreaktionen führen.

Entspann dich!

Negative Auswüchse sind natürlich nicht auszuschließen, doch lebt man in enger Beziehung, ist die Wahrscheinlichkeit sehr hoch, dass, egal was es ist, auch gut aufgefangen werden kann. Die Gleichaltrigen sind wichtig, sind definitiv wichtige Bezugspersonen, aber doch nur stützende Ergänzung in der Beziehungswelt unserer Kinder. Manchmal auch nur gute „schlechte Beispiele", von denen Kinder mitnehmen, wie sie nicht sein wollen. Du darfst dein Empfinden selbstverständlich ansprechen und den Austausch dazu suchen, aber nicht in Verbote verfallen. Die Verbindungen untereinander sind in der Regel nicht so starr und verbindlich wie die innerfamiliären und Wechsel nicht unüblich.

UND WENN ICH DAS GEFÜHL HABE, MEIN KIND HAT GAR KEINE FREUNDE?

Die andere Seite der elterlichen Sorgen befasst sich je nach Kind damit, dass es nur wenige soziale Kontakte außerhalb der Familie gibt. Ja, teilweises eher isoliertes Teenieleben gibt es auch. Dies kann belasten, denn der soziale Austausch und der Testbereich sind eben wichtig. Hier kannst du nur Vorbild sein, was Freundschaften und Kontakteknüpfen anbelangt, und eventuell hier und da mal hilfreiche Situationen schaffen. Aber du solltest dich nicht zu stark einmischen, sondern einfach nur immer wieder anbieten, die zeitweise Leere beziehungsmäßig zu füllen.

Eher isolierte Jugendliche orientieren sich in der Regel ohnehin stark an den Erwachsenen, sollten hier dann aber eben auch Anschluss finden dürfen. Die Hauptsache ist, dass die Bedürfnisse des Teenagers – hier vor allem nach Eingebundenheit und Wertschätzung – möglichst irgendwie erfüllt werden. Manchmal sind sie auch nicht in erster Linie isoliert, sondern einfach sehr intellektuell unterwegs, was soziale Eingebundenheit eher unwichtig macht, ohne dass sie darunter leiden würden.

Echtes Außenseitertum muss man natürlich hinsichtlich der Selbstwert- und Selbstbildentwicklung im Blick behalten. Vielleicht kann man hier unterstützend tätig werden, indem man seinem Kind hilft, sich auf andere gegebene Stärken zu fokussieren. Daraus können sich ja dann doch wieder neue Sozialkontakte mit Gleichaltrigen ergeben, sodass ein menschliches Miteinander nicht ständig bewusst vermieden wird. Und Aufgaben jeder Art können helfen, Sinn zu geben und Identität zu stiften.

- Dies könnten außerschulische Aktivitäten in Form von jedwedem Hobby sein.
- Aber es könnten auch erste gesellschaftlich relevante Aufgaben in sozialen Institutionen sein:
  - Der Jugendliche zeichnet gut – vielleicht kann er in einer Malschule das Anleiten jüngerer Kinder unterstützen.
  - Er hat Interesse an Computern – eventuell könnte er Senioren hier behilflich sein.
  - Er ist gerne draußen – vielleicht mag er sich Geld mit Gartenarbeit dazuverdienen, Kindergartenkindern am Nachmittag die Tierwelt näherbringen oder einen Mountainbikekurs mitanbieten.

Eltern können anregen und unter die Arme greifen, aber ob die Jugendlichen das Angebot annehmen oder nicht, sollte ihnen überlassen bleiben. Manchmal sehen die Großen auch Isolation, wo gar keine oder nur frei gewählte ist.

Freundschaften werden sich sicher irgendwann entwickeln und wenn es nur Zweierkonstellationen über gemeinsame Unternehmungen sind statt eine große Eingebundenheit in eine Clique. Hier können die Jugendlichen wie schon mit ihren Eltern üben, was es bedeutet, sich aufeinander zu verlassen, und noch mal anders als mit uns an ihrem Selbstbild zu arbeiten.

Sind sie auf der Basis enger Beziehung aufgewachsen, wird ihnen ein solches Miteinander leichter fallen, denn sie kennen Perspektivwechsel – sie können überlegen, wie sich eine Situation für das Gegenüber anfühlt, sie haben Einfühlungsvermögen, kennen echte Dialoge, Wertschätzung und vieles mehr. Sie kennen es ebenfalls, dass Fehler menschlich sind und geklärt werden müssen, sodass sie nicht verunsichert aufgeben müssen, wenn eine Freundschaft mal in eine verfahrene Situation gelangt.

EXTRATIPP

Beziehungen von Gleichaltrigen können alles in allem eine Bereicherung für die Familie sowie auch für den Jugendlichen und seine Entwicklung selbst sein und sind keine unbedingte Konkurrenz oder Gefahr. Sie ersetzen die Eltern nicht, sie ergänzen sie nur. Je besser die Ausgangslage zu Hause ist, desto weniger Gefahr laufen die Teenager, sich außerhäusig in problematische Gruppen mit Gefährdungspotenzial zu verrennen.

Alltagsregeln: Wie finden wir klare Regelungen?

Jede Familie hat Momente im Alltag, in denen es beständig dazu kommt, dass man streitet. Das zerrt an den Nerven und tut den Beziehungen nicht gut.

Was kannst du tun?

In guten Eltern-Kind-Beziehungen lassen sich viele wiederkehrende Probleme zumindest phasenweise lösen, indem man sich als Elternteil klar überlegt, was vielleicht einfach doch so sein darf und unreguliert bleiben kann, und alle anderen Punkte gemeinsam im Familienrat bespricht und festlegt.

Indem man gleichberechtigt und gemeinsam mit allen Familienmitgliedern darüber spricht, ist gewährleistet, dass das Ergebnis auch von allen akzeptiert wird. (Besonders gut ist es, wenn man diese Art der Kompromissfindung möglichst früh ins Familienleben integriert.)

Ebenfalls wichtig ist, dass alle wissen, dass sich einmal gefundene Regelungen jederzeit anpassen lassen. Wechseln die Umstände, so muss klar sein, dass auch eine getroffene Vereinbarung neu aufgesetzt werden kann und im Vorfeld jeder dazu angehört wird.

Was sagen andere Eltern?

Daniel (41), Vater eines Sohnes (15) und einer Tochter (13), über Fernsehregeln:

Wir haben inzwischen zwei Fernseher. Aber leider sind sich auch die Kinder nicht immer einig bei der Programmwahl. Das führte zu einem ständigen Gezanke, sodass ich die Kinder manchmal entnervt gebeten habe, in ihre Zimmer zu gehen, weil ich echt Feierabend brauchte. Da sie es von uns gewohnt sind, dass wir Eltern eigentlich bei so etwas Regeln finden, wir da aber nicht weitergedacht haben, sind sie selbst auf den Trichter gekommen, einen Plan zu machen, wer wann fernsehen darf. So guckt zum einen nicht mehr jeder täglich. Und jeder kann seine Lieblingsfilme anschauen, ohne diskutieren zu müssen.

Das solltest du tun!

Eine gute Art, bestimmte Dinge klarzustellen, ist, keine starren Regeln miteinander zu entwickeln, sondern stattdessen logische, mögliche *Spielräume*, in deren Grenzen sich alle bewegen und eigene Entscheidungen treffen können. Auf diese Weise schafft man einen Rahmen, der für alle okay ist, aber autonomes Wählen nicht ausschließt. Das führt letzten Endes auch dazu, dass die Jugendlichen mit Platz für Entscheidungen zumeist kooperativer sind und lernen, sich dafür verantwortlich zu fühlen, welchen Weg sie gewählt haben.

Zum Beispiel:
- Einmal wöchentlich das eigene Zimmer staubsaugen, der Zeitpunkt ist aber egal;
- für die Älteren: Ein alkoholisches Getränk unterwegs ist okay, danach wird aber Wasser getrunken;
- unterwegs sein in der nächsten Großstadt ist in Ordnung, aber um 22 Uhr soll man zu Hause sein;
- mit gewaschener Kleidung wird ordentlich umgegangen, doch ob sie im Schrank oder auf dem Teeniesofa gestapelt wird, ist egal.

EXTRATIPP

Kleine Bereiche, in denen die großen Kinder frei entscheiden dürfen, vergrößern ihre Bereitschaft zur Kooperation auf anderen Feldern.

Das ist nicht anders als bei Kleinkindern: Hören diese immer nur ein Nein, können auch sie über kurz oder lang nicht mehr Ja sagen. Das lässt sich auf die Teenager, aber eigentlich auf jeden übertragen: Habe ich Mitspracherecht, fällt es mir leichter, in einigen Punkten entgegenkommend zu sein.

Die einzelnen Entscheidungen und Kompromisse müssen und können nicht jedem Beteiligten gefallen. Du musst akzeptieren, dass dein Kind größer und auch eigensinniger wird. Und du kannst lernen, dass dein Zögling manchmal vielleicht tatsächlich besser hinsieht und andere, klügere Ideen hat als manch Erwachsener.

Die Beziehung wandelt sich in ein mehr und mehr gleichrangiges Geben und Nehmen. Und alle Beteiligten können daran wachsen, wenn wechselseitig gelernt wird – also auch die Eltern von den Jugendlichen.

Was sagen andere Eltern?

Juliane (38), Mutter eines Sohnes (11), über Kompromisse:

Unser Sohn ist schon früh in die Pubertät gekommen, das heißt, er musste sich rasch um seine Körperhygiene kümmern, wozu er nicht immer Lust hatte. Dadurch wurden unser Morgen echt anstrengend. Er hatte keine Lust zu duschen, blieb darum länger im Bett und musste am Ende hektisch oder sogar unterwegs frühstücken, um pünktlich zur Schule zu kommen. Ich war gar nicht auf die Idee gekommen, dass das anders laufen könnte, denn ich gehe ja auch jeden Morgen unter die Dusche. Aber in einem Gespräch, in das ich eigentlich sogar ziemlich genervt gestartet bin, kamen wir schließlich auf den simplen Gedanken, dass er einfach zu einer anderen Tageszeit duschen kann. Wieso unbedingt morgens? Jetzt geht er immer gut duftend ins Bett, weil er die Prozedur abends macht. So einfach!

Vorbild sein: Wie kann ich meinem Teenager Orientierung geben?

Dass Eltern ihren Kindern für vieles ein Vorbild sind, wurde bereits oben beim Thema Streitkultur erwähnt. Es gilt aber für etliche Lebensbereiche:

- Entscheidungsfindung
- Ernährung

- Politik
- Einstellung zum eigenen Körper und zu Sport
- Leistung
- Stressabbau und Selbstfürsorge
- Frustrationstoleranz
- Beziehungsführung
- Ehrlichkeit/Authentizität und vieles mehr

Was kannst du tun?

Im Sinne einer guten Beziehung ist es hierbei wichtig, echt und stimmig zu bleiben: Das heißt, wir Eltern hinterfragen uns, entscheiden uns, leben vor und stehen dazu. Wir erklären uns aber auch und können Fragen und Kritik annehmen.

Wenn du dir also einen Jugendlichen wünscht, der zum Beispiel

- fair mit anderen ist,
- verantwortungsvoll mit Alkohol umgeht,
- sich nicht ausländerfeindlich, homophob und so weiter äußert,
- sich nicht nur von Chips und Cola ernährt oder Sonstigem,

dann solltest auch du

- fair sein,
- dein Limit beim Alkoholgenuss kennen,
- auf deine Wortwahl auch bei Witzen achten,
- mehrheitlich gesunde Lebensmittel im Haus haben usw.

EXTRATIPP

Simples Reden nehmen schon kleine Kinder ihren Eltern nicht gut ab. Es muss schon etwas getan werden. Und das, was getan wird, kommt an, wird gesehen, wird oft unbewusst eingeflochten ins eigene Denken und Handeln.

Ganz relevant ist da natürlich auch dein Bindungs- und Beziehungsverhalten zum Kind selbst, aber eben auch zu anderen. Wenn ihr Eltern respektvoll miteinander umgeht, bleibt das für die intimen Beziehungen der Heranwachsenden hängen. Und auch dein Verhalten außerhalb der eigenen vier Wände – im Straßenverkehr, am Verkaufstresen der Bäckerei, während der Beratung im Bekleidungsgeschäft, im Gespräch mit dem Lehrer am Elternsprechtag – macht etwas mit deinem Kind: Es erlebt eine Grundhaltung, nicht nur ihm selbst, sondern allen Menschen gegenüber, und saugt diese auf.

Das solltest du tun!

Zeigst du hier beispielsweise …

- den Willen zu einem Umgang miteinander auf Augenhöhe und in Gleichwürdigkeit,
- verantwortungsvolles Umgehen mit Natur und Ressourcen
- sowie ein Distanzieren von Rassismus und Fremdenfeindlichkeit oder von Intoleranz gegenüber Homosexualität und Randgruppen usw.,

so wird auch dein Kind sehr wahrscheinlich ähnliche Werte in sein Weltbild integrieren und sich in seinen Beziehungen entsprechend verhalten.

Was sagen andere Eltern?

Marion (47), Mutter einer Tochter (17), über das Vorbildsein:

Auf meine Tochter war und ist Verlass, ohne Einschränkung. Beispiel: Wenn sie mir gesagt hat, dass sie um 22 Uhr zu Hause ist, dann ist sie um 22 Uhr zu Hause. Wenn sie sich aus welchem Grund auch immer verspätet, ruft sie an, weil sie weiß, dass ich mir Sorgen mache. Ich habe mich meinen Partnern, Eltern oder Bekannten gegenüber auch immer so verhalten, weil ich der festen Überzeugung bin, dass dieses Verhalten die Basis ist für ein Vertrauen, das unerschütterlich ist. Und meine Tochter hat das übernommen. Ich musste das nicht groß ansprechen, sie hat es einfach genauso erlebt.

Selbstfürsorge: Wie komme ich selbst nicht zu kurz?

Eltern, die Wert auf Beziehungen und gute Bindung legen, vernachlässigen es tatsächlich oft, sich um sich selbst zu kümmern. In den Babyjahren und auch in der darauffolgenden Kleinkindzeit ist es häufig schwer möglich, ausreichend Ressourcen für sich zu finden, weil es manchmal keinen Weg B gibt, um den kindlichen Bedürfnissen gerecht zu werden. Doch mit dem Wachsen und Reifen der Kinder kommen auch für sie immer mehr Möglichkeiten zurück, Kraftmomente für sich selbst zu sammeln und sich selbst wieder mehr mit in den Mittelpunkt zu stellen.

Und das ist unheimlich wichtig, denn das Familiensystem läuft nur rund, wenn es sich an den Bedürfnissen des jüngsten Mitglieds plus denen der Kümmerer orientiert: *„You can't pour from an empty cup!"* Nein, wer keine Kraft hat, kann keinen anderen versorgen. Darum darf man sich selbst nicht vergessen. Und gerade die Jugendjahre sind (wie auch die Zeit der starken emotionalen Entwicklung mit etwa zwei bis sechs Jahren) Marathonstrecken im Elternjob.

Was kannst du tun?

Was genau jemand braucht, ist ganz individuell. So wie die einen Babys getragen werden möchten, finden die anderen in einem großen Bett ihre Pause; so wie der eine Teenie Bewegung braucht, um sich konzentrieren zu können, braucht der andere absolute Ruhe. Und so wie der eine Erwachsene darin aufgeht, einen Kindergeburtstag bis ins kleinste Detail selbst zu gestalten, kann der andere besser mit seinem Kind feiern, wenn er alle Aufgaben anderen überlässt und am Vormittag noch zwei Stunden in die Sauna geht.

Jeder Elternteil muss hier für sich herausfinden, was er braucht, und alles daransetzen, dies auch zu ermöglichen.

Je nach Ausgangslage kann das schwierig sein (vor allem mit mangelnden zeitlichen oder finanziellen Ressourcen), aber ein Sich-bewusst-Machen, *dass* etwas fehlt, kann ein hilfreicher Punkt sein, zu erkennen, warum es sich gerade mit dem Teenie so anstrengend anfühlt:

- Zum Beispiel kannst du versuchen, dir mehr Auszeiten einzurichten, Inseln im Alltag, Prioritäten zu verschieben: Müssen alle Hemden gebügelt sein? Die Fenster geputzt? Das Essen täglich frisch gekocht? Die Wohnung zum Wochenende aufgeräumt? Der Elternabend besucht – reicht nicht auch mal nur das Protokoll?
- Du kannst überlegen, wieder alte Hobbys aufzunehmen – vielleicht auch gemeinsam mit dem Teenie.
- Entspannung mittels Sport oder auch einem Glas Wein ist erlaubt!
- Du kannst versuchen, dir ein Netzwerk zu schaffen, indem du dich traust, mutig neue Kontakte zu knüpfen.
- Du solltest dich mit Menschen umgeben und austauschen, die dich spüren lassen, dass du nicht immer perfekt und hundertprozentig sein musst.
- Ein Kino- oder Konzertbesuch schafft Freiräume.
- Kirchengemeinden, Erziehungsberatungsstellen, „Häuser der Familie" oder ähnliche Institutionen – und vor allem auch online in Elterngruppen, über Blogs oder Ähnliches – stehen einem beratend zur Seite.
- Auch Eltern dürfen sogar selbst mal wieder über die Stränge schlagen!

Nimm dich wahr!

Alles, was guttut, um dem Jugendlichen der Elternteil sein zu können, der man gerne sein möchte, ist erlaubt, solange die Grundbedürfnisse des Kindes davon nicht beeinträchtigt werden – also vor allem das In-Beziehung-Sein/das Zeithaben. In kleinen Schritten kann man immer ein bisschen was erreichen. Dann wird man sich auch in der Pubertät nicht verlieren, trotz der anstrengenden Aufgaben, die auf dich warten.

Was sagen andere Eltern?

Klara (42), Mutter zweier Söhne (15 und 10) und einer Tochter (13), über Auszeiten:

Ich habe mich echt schwergetan, die Kinder allein zu lassen, nur damit ich meinem Vergnügen nachgehen kann. Aber wir bekommen nicht immer einen Babysitter, und sie sind inzwischen wirklich schon groß und selbstständig. Der Jüngste fragt noch manchmal, wenn wir gehen, ob ich nicht lieber dableiben kann, aber ich weiß, dass es ihm nicht wirklich etwas ausmacht, mal zwei Stunden allein zu sein oder sogar allein ins Bett zu gehen. Er kann das. Seine Geschwister sind ja auch noch da.

Und uns tut das auch so wahnsinnig gut, mal wieder etwas anderes als Filme auf Netflix zu sehen, im Restaurant zu sitzen, ohne über Kinderschnitzel nachdenken zu müssen, mit anderen Erwachsenen zu reden, ohne dass ein Kind reinkommt und eine Limo will. Ich glaube, wir haben alle was davon, weil ich dann am nächsten Abend auch wieder Lust habe, dem Kleinsten etwas vorzulesen oder mit den Großen über TikTok-Videos zu reden.

Das solltest du tun!

Hilfreich kann dabei ein gutes Netz sein: Verwandtschaft, andere Eltern, Vereine – jede Hilfe ist willkommen. Je früher man hier Strukturen etabliert, also auch bewusst plant, desto besser werden sich diese in den Alltag einpassen. Wichtig ist dabei gar nicht immer, dass man gegenrechnet, wer was für den anderen getan hat, sondern dass man Menschen um sich schart, die geben und nehmen können, sodass es passt.

Wenn der alleinerziehende Elternteil mehr Unterstützung braucht, sollte sich keiner schlecht fühlen, und ebenso sollte keiner Forderungen stellen, nur weil er selbst gerne das Haus voller Kinder hat. Einigen helfen feste Termine mit anderen Eltern oder Großeltern, anderen ist die spontane Aushilfe bei Unerwartetem lieber. So kannst du dir selbst und dann wieder anderen das Leben leichter machen. Du musst es aber aktiv angehen und einfach das Fragen wagen!

Was sagen andere Eltern?

Luise (44), Mutter eines Sohnes (10) und zweier Töchter (13 und 16), über gegenseitiges Helfen:

Ich habe immer schon gerne andere Kinder mit heim genommen nach dem Kindergarten oder der Schule, wenn ihre Eltern einen Engpass beim Betreuen hatten. Klar ist das auch mal anstrengend. Aber oft waren das Selbstläufer mit mehreren Kindern statt eines blöden Nachmittags mit den drei zankenden Geschwistern allein. Eine Mutter sprach mich beim Abholen ihrer Tochter mal an, weil sie mehrere Male bei uns gewesen war, ohne dass es einen Gegenbesuch gegeben hatte. Ich fand das sympathisch, aber auch unnötig. Ich sagte ihr, dass sie mir das nicht „zurückzahlen“ müsse, sondern dass ich sicher sei, sie würde anderen auch Hilfe anbieten, wenn die sie brauchten. Das muss ja kein Eins-zu-eins-Geschäft sein. So habe ich das nie verstanden.

Zur Selbstfürsorge gehören auch drei weitere wichtige Punkte:

- Nein sagen können
- Gelassenheit
- sich verzeihen können

EXTRATIPP

Kennt der Jugendliche dieses Netzwerk schon aus Kindertagen, wird es ihm selbst leichtgemacht, selbst einmal zu fragen, wenn er das Gefühl hat, er braucht für bestimmte Bereiche andere Bezugspersonen. Je mehr Möglichkeiten er hat, umso stabiler ist er eingebunden und kann sich auf sicherer Basis entwickeln.

Derlei positive soziale Erfahrungen und Eingebundenheit stärken unsere Teenager zusätzlich bei der Entwicklung ihrer Empathiefähigkeit. Also ist ein Netzwerk ein Gewinn für viele Bereiche.

Nein sagen können

Das Neinsagen bezieht sich einmal auf uns Eltern selbst und in zweiter Linie dann im Sinne des Vorbildseins auch auf die Kinder. Kannst du offen sagen, wenn dir etwas nicht gefällt, so sorgst du gut für dich, bist glaubwürdig und läufst nicht Gefahr, zusammenzubrechen unter all den Anforderungen des Alltags. Verhältst du dich beim Neinsagen auch noch wertschätzend, so tust du dir und deinem Wohlgefühl einen Gefallen und bist ein gutes Vorbild für dein Kind, für das es schon vor der Pubertät, aber erst recht auch während dieser Zeit extrem wichtig ist, Nein sagen zu können. (Kann und darf es dies zu Hause, ohne dass ihm etwas Unangenehmes droht, ist die Wahrscheinlichkeit sehr hoch, dass es das auch auswärtig praktizieren wird.)

Eltern, die jedem und eben auch ihren Kindern gegenüber dazu stehen können, wenn sie etwas nicht möchten oder sogar nicht wollen, werden von ihrem Gegenüber besser wahrgenommen, eher ernst genommen.

Teenager können damit umgehen, wenn sie es kennen, dass die Erwachsenen sich zunächst Gedanken machen, nicht ständig Nein sagen, es aber tun, wenn es wirklich unumgänglich erscheint. Das Miteinander von Eltern und Kindern wird so viel ernsthafter, ehrlicher, souveräner und sicher auch klarer und besser.

Was sagen andere Eltern?
Sarah (42), Mutter einer Tochter (13) und eines Sohnes (11), über das Authentischsein:
Von unserem Sohn bekomme ich oft auch in solchen Situationen gesagt, dass ich die beste Mama bin. Das ist für mich ein Zeichen, dass ich es doch irgendwie richtig mache.

Gelassenheit

Die Gelassenheit ist einer der anderen wichtigen Schlüssel bei der Selbstfürsorge – leider mit Sicherheit auch einer der schwierigsten. Ist doch die Pubertät herausfordernd, ist doch das Emotionsgeladene so im Vordergrund, ist doch diese Zeit so wahnsinnig wichtig für das Fortkommen des Kindes, findet das doch alles zu Hause statt, wo man sich eigentlich Harmonie und Entspannung wünscht … Wie sollen Eltern da gelassen bleiben?

Der Trick ist der gleiche wie schon in der Babyzeit oder in den schwierigen Phasen der Kinderjahre: Auf das Mindset, die innere Haltung, kommt es an. Es gilt, sich zu informieren und die Geschehnisse und Aufgaben anzunehmen – und nicht zu erwarten, dass man es immer schafft! Es wird nicht alles einfach laufen, harmonisch, gradlinig, problemlos. Gemeinsames Arbeiten an der Familie, an der Beziehung, am Wachsen des Kindes – und auch am eigenen – gehören dazu, muss sein. Emotionale Ausfälle, fehlende Kontrolle von Wut und Frust gehören auf allen Seiten dazu.

Familie ist Arbeit, Elternsein ist Arbeit, Erwachsenwerden ist Arbeit. Je bewusster du dir das machen kannst, desto eher kannst du die

Herausforderungen annehmen als normalen Teil deines Lebens, anstatt ihn als belastend und überflüssig zu empfinden.

Hilfreich für eine grundlegende Gelassenheit sind ein optimistischer Blick sowie kleine, simple Methoden, die du in extremen Augenblicke einsetzen kannst, um die eigene Wut zu verarbeiten, wenn sie zu sehr aus dir herauswill und den Moment komplett sprengen würde:

- Ein kurzes Fortgehen und einfach nur bewusstes, mehrfaches Atmen, kann den Körper tatsächlich schon herunterfahren;
- ebenso das Führen eines Gespräches im Kopf, anstatt spontan alles herauszubrüllen.
- Ertappst du dich beim Schreien, solltest du prüfen, ob du dich nicht vielleicht einfach hilflos fühlst. Erst wenn du dich wieder ein wenig geerdet hast, solltest du das akute Problem mit dem Teenie angehen – und du solltest dich auch entschuldigen, wenn du mal zu weit gegangen bist.

Insgesamt ist es nützlich, sich nicht zu viele Sorgen vor „schlimmen" Momenten zu machen und nicht ständig zu denken: „Gleich knallt es wieder!" Ja, diese Zeiten werden kommen und kommen und wiederkommen, wie in der Autonomiephase auch. Kämpfe, Lästiges, Streitereien, Gebrülle über Nichtigkeiten.

Aber hilft es Eltern mit kleinen Kindern in der Autonomiephase, Angst vor dem nächsten Zähneputzen, dem nächsten Übergang von zu Hause nach draußen, dem Zubettbringen zu haben? Nein – Angst hilft nie! Man verfällt höchstens in Starrheit und ritualisierte, schlechte Abläufe.

Gelassenheit und ein Annehmen der Situation sowie ein Bei-sich-Bleiben sind in jedem Kindesalter der Schlüssel für die Eltern – ebenso wie der Fokus auf das Schöne. Eine gemeinsame Mahlzeit ist fast immer drin, gemeinsame Unternehmungen müssen nicht ständig sein, aber wenn, dann „echt", mit Lust.

Verbindende Momente kreieren. An der inneren Haltung arbeiten. Sich Gelassenheit antrainieren. Auch das ist letzten Endes Selbstfürsorge.

Sich verzeihen können

Der dritte Punkt zur Selbstfürsorge bezieht sich auf die eigene Gefühlswelt: sich verzeihen können. Niemand ist perfekt. Und auch in einer Elternschaft mit Fokus auf Bindung und Beziehung geht es nicht um Perfektion, nicht darum, niemals etwas falsch zu machen, niemals genervt zu sein.

Hat man das Kind angeschrien, hat man falsch gehandelt, hat man zu etwas geraten, das sich im Nachhinein als üble Fehlentscheidung herausstellt, geht einem der Teenager kolossal auf den Keks, so hat es keinen Sinn, mit sich selbst zu hadern, ins Grübeln vor lauter schlechtem Gewissen zu verfallen.

Das Ziel von Eltern sollte sein, sich selbst die nicht so gute Handlungsweise oder Entscheidung einzugestehen und sie vor allem auch vor dem Heranwachsenden zuzugeben. Nur so kann man daran arbeiten, Dinge noch mal ändern, anders angehen. Nur so kann man Vorbild sein. Und nur so kann man ein starker, zufriedener Elternteil sein, ohne sich ständig selbst unter Druck zu fühlen.

Alles, was nicht so gut läuft, kann und muss besprochen werden. So wie die Eltern den Kindern verzeihen können und sie lieben sollten, egal, was sie getan haben, so dürfen auch die Erwachsenen es andersherum in einer gesunden Beziehung von den Kindern erwarten und müssen sich nicht belasten mit ständigem Auf-der-Hut-Sein oder einem ewigen Versuchen, es perfekt zu machen.

Was sagen andere Eltern?

Nina (39), Mutter von drei Söhnen (5, 8, 13), über das Eingestehen von Fehlern: Wir sagen offen, wenn es uns schlecht geht oder wir doof reagiert haben – zum Beispiel wenn ich/wir aus unterschiedlichen Gründen (meist wenn man selbst gestresst ist, krank, frustriert etc.) leider falsch oder ungerecht antworten, unreflektiert Nein sagen, unbewusst (weil man es früher selbst so erfahren hat) mit Strafen drohen (was vollkommen bescheuert ist) oder doch mal laut werden und unüberlegte Dinge sagen. Meistens kommt sofort ein „Was soll das jetzt, Mama?" oder „Das haben wir noch nie so entschieden!", „Das war unfair!", „Weshalb sagst du so etwas?!" von den Kids, und wir reden dann. Und wir sind uns nicht zu schade, uns zu entschuldigen. Im Gegenteil: Wir wollen authentisch sein, und das geht meiner Meinung nach nur in einer Atmosphäre, in der Fehler okay sein dürfen und keiner Angst vor „Ich hab dich nicht mehr lieb!" haben muss.

Und es gibt Tage, da geht es drunter und drüber. Da merke ich selbst, wie angespannt ich bin. Bevor die Kids dann denken: „Oh, was hab ich falsch gemacht?", sag ich von mir aus schon „Hört zu, ich hab gerade schlechte Laune, es ist nicht eure Schuld." Oder: „Ihr habt auch nichts falsch gemacht, ich bin (überfordert, gestresst, traurig ...), gebt mir eine halbe Stunde, und dann bin ich wieder aufnahmefähig." Mit drei Kids, insgesamt fünf Personen, mit all ihren Stärken und Schwächen ist nicht jeder Tag Sonnenschein. Deshalb sind Reden, Vertrauen und auch Grenzensetzen wichtig, um sich sicher geborgen zu wissen, denn dann kann Entwicklung stattfinden, glaube ich.

Die Autorin und Journalistin Nora Imlau brachte den Gedanken auf, dass Kinder die Therapie sind, nach der die Eltern nie gefragt haben. Ja, Eltern müssen sich mit ihnen verändern, mit ihnen wachsen. Manchmal gelingt das auf bestimmten Gebieten nicht allein. Dann ist es keine Schande, sondern ein Zeichen von Größe, wenn du dir professionelle Hilfe holst – weil du zum Beispiel nie Nein sagen magst, weil du keine Grenzen setzen kannst, weil deine Wut zu heftig wird, weil du anfängst, deinem Kind zu kühl zu begegnen oder vieles mehr.

Das tust du dann für dich und für deinen Teenager – und für die gute Beziehung.

EXTRATIPP

Stimmt der Satz: „Entspannte Eltern haben entspannte Kinder"? Nein, der ist so was von gelogen! Entspannte Eltern können alle möglichen Kinder haben. Das Temperament bringen die Kinder schon mit – egal auf welche Eltern sie treffen.

Entspannte Eltern, die gut für sich sorgen können, werden wahrscheinlich entspannter mit ihren Kindern umgehen.

Ich rate zum Weg des „aktiven Annehmens":

- Die Situation akzeptieren, aber nicht passiv hinnehmen,
- sondern hinschauen, was man verändern/verbessern kann, um mit dem Gegebenen zurechtzukommen.

Mehr Regeln im Alltag? Weniger Zeitdruck und Planungen pro Woche? Mehr Auszeiten als Paar? Mehr Zeit in verschiedenen Konstellationen von Eltern und Kindern? Weniger Blick auf vermeintliche Mankos? Mehr kreative Ideen für Alltagskämpfe, die immer wieder kommen? Neue Hobbys? Oder weniger Hobbys? Mehr Freizeit? Mehr Netzwerk? Weniger Neidgefühle? Verarbeiten vergangener Erlebnisse statt bloßes Wegschieben? Professionelle Beratung? – Alles Mögliche kann helfen, als Eltern selbst entspannter zu werden. Doch es wird nicht den Wesenskern der Kinder verändern. Der ist da, braucht Liebe und Verständnis – und wir Großen brauchen keine Vorwürfe und Entmutigungen, sondern Kraft und Ideen.

„Entspann dich mal!" ist insofern ein ganz guter Tipp. Aber eben zu simpel. Wie genau diese Entspannung aussehen sollte, muss jeder für sich herausfinden, manchmal mit Hilfe und Ideen von außen. Und was das mit den Kindern macht, ist nicht vorhersehbar. Sie bleiben vermutlich „unentspannt" im Wesenskern, wenn sie auch vorher so waren. Aber wir haben mehr Puffer, um sie in Ruhe verstehen zu können, um ihren Alltag besser an ihr Können anzupassen, um auch mal ungewöhnliche, kreative Wege zu gehen.

Optimismus: Wie schaffe ich es, im Chaos nicht nur genervt zu sein?

Ein wichtiger Stützpfeiler für alle Familien, jede Beziehung, alle Menschen ist, den Fokus auf Optimismus zu setzen. Zuversicht lässt sich bewusst in den Familienalltag integrieren, selbst wenn man nicht so sehr dazu neigt, die Welt auf diese Art zu sehen.

Was kannst du tun?

Beispielsweise kannst du in einem Buch oder auf Klebezetteln kleine Momente sammeln, die an einem Tag schön waren, ohne Stress abliefen, dich dankbar gemacht haben. Das können Dinge sein, die zufällig passiert sind, die du selbst gemacht hast oder für die dein Partner verantwortlich war. Und natürlich kann es auch immer etwas sein, das dein Teenie zu verantworten hatte.

- Sammelst du dies in einem Buch, kannst du immer wieder – auch gemeinsam – darin lesen und vielleicht trotz eines schlechten Gefühls aufgrund anstrengender Alltagsabläufe wirklich sehen, wie viele andere, positive Augenblicke es gab.
- Trägst du sie auf Klebezetteln zusammen, kannst du sie am Spiegel oder am Kleiderschrank befestigen und dir und den anderen Familienmitgliedern so beständig vor Augen führen, was alles schön war bzw. ist.
- Du kannst den anderen wissen lassen, was dich an ihm begeistert. Nur ein kleiner Blick auf ein Wort, eine Zeile lässt uns innehalten, erinnern, lächeln. Das stärkt das Zusammengehörigkeitsgefühl in der Familie sowie das Selbstwertgefühl aller – gerade der Heranwachsenden.

Und vielleicht wird es dein Kind dir nachtun und dir plötzlich kleine Memos hinterlassen, die dich lächeln lassen und verbinden!

Was sagen andere Eltern?

Margit (42), Mutter einer Tochter (12) und zweier Söhne (9 und 14), über positive Momente:

Ich bin (leider) eine sehr sensible Person. Ich nehme mir viel zu Herzen und lasse mich stressen. Das macht manchmal echt sehr unschöne Gefühle. Bei einer Therapeutin habe ich gelernt, ganz bewusst das Positive zu sehen und mir zu merken. Also wann immer ich daran denke, schreibe ich etwas Gutes auf, was im Alltag mit den Kindern passiert ist, und manchmal nehmen wir uns Zeit und lesen es vor. Ich sammle das in einer Kladde. Besonders der Jüngste hört das total gerne, gerade wenn so richtige Lacher dabei waren. Aber auch die Großen mögen das, da bin ich sicher. Ich selbst lande so seltener in diesem „Belastungszustand", obwohl der Alltag zwischen Job und drei Kindern natürlich heftig ist. Aber diese Kleinigkeit hat schon was verändert.

Du könntest zum Beispiel notieren:

- „Es ist ganz schön viel gut."
- „Es läuft ganz schön viel richtig."
- „Wir machen ganz schön viele tolle Sachen gemeinsam."
- „Wir nehmen ganz schön viel Positives aneinander wahr."
- „Mein Kind trägt ganz schön viel dazu bei, dass das Leben gut ist!"

Mit diesem Blick können Eltern eine optimistische Grundhaltung in sich und ihren Kindern aufbauen, welche die Familie durch alle Stürme tragen kann und die Beziehungen aufrechterhält.

> „Vielleicht sind wir endlich eine Elterngeneration in Deutschland, die ihre Kinder lieben darf."
> Patricia Cammarata,
> https://dasnuf.de/schreckgespenst-pubertaet/

GRUPPENDRUCK UND SUCHT: WIE GEHEN TEENAGER STARK INS LEBEN?

Die größten Sorgen machen Eltern sich darum, dass ihr Teenager vom Weg abkommen könnte: Sucht, Auffälligkeiten, Kriminalität, Mobbing, psychische Probleme, Isolation … Die Liste der möglichen Schwierigkeiten, die man sich ausmalen kann, ist lang. Doch Eltern können helfen, die Zahl möglicher Gefahrensituationen gering zu halten.

Die im Kapitel „Durch den Alltag der Pubertät“ genannten Grundpfeiler für einen Umgang miteinander in enger Beziehung und guter Bindung tun hier schon viel. Aber welche dieser und weiterer Hilfestellungen sind je nach Situation und Thema als Basis unbedingt notwendig, damit der Teenie uns nicht entgleitet und wir ihn bestmöglich ins Erwachsenenalter begleiten?

Starke Teenager: Mein selbstbewusstes, mitfühlendes Kind

Damit Kinder sich gegen beispielsweise Gruppendruck, das Heranführen an Drogen oder Alkohol oder gegen Mobbingtendenzen zur Wehr setzen können, sind drei Aspekte wichtig:

- die Ausbildung eines hohen und starken Selbstwertes und Selbstvertrauens (d. h. psychische Stabilität),
- gutes Informiertsein und
- eingeübter, mitfühlender Perspektivwechsel sowie weitere soziale Kompetenzen.

Was kannst du tun?

- Behandelst du dein Kind wertschätzend und respektvoll, hilfst du ihm, mutig in die Welt zu gehen, wird es erfahren und irgendwann auch wissen, wie wertvoll es ist und dass es niemand anderem gefallen oder nachplappern und -eifern muss, um sich gut zu fühlen.
- Darf dein Kind seine individuellen Talente ausleben und sich gesund und stark entwickeln, erlebt es Erfolge und Selbstwirksamkeit. Stärken kannst du es mit Lob und Komplimenten.
- Verzichtest du darauf, rigoros Disziplin mithilfe von Befehlen einzufordern, bleiben nicht nur zu Hause vielfach Streit und Stress aus, die Jugendlichen müssen sich auch außerhäusig nicht

auflehnen oder Aggressionen loswerden und auch nicht woanders nach Zuwendung suchen.

- Teenager bekommen die beste Basis dafür, ihrem Umfeld stark und klar zu begegnen, wenn du als Elternteil sie in ihrem intensiven Nachdenken über sich selbst unterstützen und ihnen Zeit lassen kannst, sich zu positionieren und zu finden, sich ihr Ich echt zu erarbeiten. Eltern müssen es aushalten, dass sich hier von Jahr zu Jahr noch viel verändert und vorsichtig mit den dazugehörigen Unsicherheiten umgehen.
- Zeigst du, wie man Informationen sammelt und auf dieser Grundlage entscheidet, lässt du ihn selbst probieren und springst nur helfend ein, wenn etwas schiefgelaufen ist, wird dein Jugendlicher wahrscheinlich voller Selbstvertrauen auf andere zugehen und sich nicht verbiegen und überreden lassen, ganz dumme Dinge zu tun. Wer dann nicht mitmacht oder anders als die anderen ist, muss dank innerer Stärke nicht zum Mobbingopfer werden.
- Hilfst du deinem Heranwachsenden damit, die Welt gut zu verstehen, indem du ihm den Zugang zu verschiedenen Informationen wie Prävention in der Suchtberatung oder der Jugendhilfe gewährst und indem du ihn tabufrei aufklärst, wird er lernen, was Risiken sind.
- Sprichst du über andere Menschen wertschätzend und tauchst mitfühlend in deren vielleicht eher unguten Werdegang ein, lernt dein Kind, wie andere Menschen denken, wonach sie handeln, was sie alles beeinflusst – und kann eigenständig entscheiden, was es selbst lieber nicht will.
- Hast du selbst ein gesundes Selbstwertgefühl oder solltest du vielleicht auch an dir arbeiten, um deinem Jugendlichen ein gutes Vorbild zu sein? Dann ist es gegebenenfalls notwendig, dass wir uns Hilfe suchen.

Gutes Streiten: Mein konfliktfähiges Kind

Zur Vorbeugung unguter Entwicklungen gehört auch eine wachsende Konfliktfähigkeit der Jugendlichen. Besonders positiv ist es, wenn sie schon im Kindesalter erfahren durften, dass Konflikte nichts Negatives sind, dass wir Eltern keine Schuldigen suchten, wenn es zu Uneinigkeiten kam, sondern mit ihnen gemeinsam Lösungen finden wollten.

Denn tauchen in Cliquen und Freundschaften Konflikte auf, werden so begleitete Jugendlichen eher die Möglichkeit haben, auch an dieser Stelle gut mit Streit umzugehen:

- Sie werden sich wahrscheinlich weder zu etwas drängen lassen, was sie eigentlich nicht wollen,
- noch werden sie sich zurückziehen und Dinge mit sich machen lassen, die ihnen nicht gefallen.

Was kannst du tun?

Grundlegend ist hier, in einen Dialog miteinander zu gehen, der statt auf Machtspielchen und Verbote auf Kompromissfindung und Perspektivwechsel setzt. Das macht stark und eben konfliktfähig.

Die Clique: Mein Kind in Freundschafts- und Liebesbeziehungen

Die ersten engen Teeniefreundschaften und später auch Liebesbeziehungen sind für uns Eltern nicht immer leicht auszuhalten. Zum einen mag man vielleicht die Menschen nicht immer, die die eigenen Kinder sich ausgewählt haben, und zum anderen bedeuten diese neuen Bezugspersonen natürlich eine Veränderung des eigenen Beziehungsstatus zum Kind.

Was kannst du tun?

Je offener die neuen Menschen im Leben der eigenen Kinder empfangen werden, desto mehr akzeptiert fühlen sich die Kinder selbst:

- Hast du das Gefühl, die Freunde tun deinem Teenager gut, dann versuche auch selbst, ihnen bewusst mit besonderem Interesse und Neugier zu begegnen, denn das wird auch die Beziehung unter diesen Gleichaltrigen noch mal stärken.
- Stellen sich die neuen Freunde als problematisch heraus, werden Teenager ihren Eltern eher zuhören, sobald sie Sorgen äußern, wenn in der Familie offen miteinander damit umgegangen wird.
- Kommt es gar zu Mobbing, müssen Eltern sehr genau hinschauen: Vor lauter Schamgefühl mag sich dein Kind manchmal gar nicht öffnen und davon erzählen. Je enger eure Beziehung dann ist, desto besser werdet ihr zueinanderfinden. (In Abstimmung mit deinem Teenie gilt es dann, zu dokumentieren, was abläuft sowie am Ort des Geschehens – meist in der Schule – vorsichtig, aber bestimmt Öffentlichkeit zu schaffen, damit professionelle Hilfe durch Schulpsychologen oder externe Coaches starten kann. Gerade den Lehrern kommt bei der Thematik oft eine Schlüsselrolle zu!)

Insgesamt sind die meisten neuen Verbindungen stärkend, unterstützen die Selbstsicherheit und sind somit wiederum eine gute Prävention, damit die Jugendlichen keine allzu schlimmen Irrwege beschreiten.

Weiß man aber um die Wichtigkeit dieser Verbindungen für den Jugendlichen, der sich hier ausprobieren und daran wachsen kann, der ja ganz natürlich die Ablösung vom Elternhaus sucht und woanders Einbettung finden sollte, so kann man sich als Erwachsener sicher leichter darauf einlassen, das Positive an Freund- und Liebschaften zu sehen. Sie können unser Kind wunderbar stärken, wenn sie auf Augenhöhe gelebt werden!

Unser Netz: Mein sozial gut eingebettetes Kind

Wer gesellschaftlich in Familie, Schule, dem Hobbybereich und gegebenenfalls auch im ehrenamtlichen und/oder beruflichen Feld gut eingebettet ist, läuft weniger Gefahr abzudriften. Gute Gleichaltrigengruppen, enge Sportvereinigungen, zugewandte Musikerkollegen, fröhlich verbundene Cliquen und auch ehrenamtlich gefundene Bezugspersonen geben Jugendlichen Halt, haben sie mit im Blick, integrieren sie in ihre Mitte, sichern sie so ab.

Was kannst du tun?

Darum ist es hilfreich, wenn Eltern ein gutes Vorbild sind und sich sozial engagieren und integrieren und ihren Kindern helfen, Andockpunkte bei anderen Menschen zu finden. Jede gemeinschaftliche Aktivität und jedes soziale Engagement, jede Freundschaft können etwas dazu beitragen, dass Teenager nicht „verloren gehen"; alles kann dafür sorgen, dass sie gut eingebunden sind, abgesichert und gesehen werden.

Je früher du hier Bindungen förderst, desto leichter wird es deinem Heranwachsenden fallen, dabeizubleiben bzw. sich selbst neue Kontakte zu suchen. So beugst du vor, dass ein Jugendlicher „abrutscht" oder allzu riskantes Verhalten zeigt, denn selbst unter Jugendlichen gibt es gute Tendenzen, sich gegenseitig zu schützen und zu warnen, bevor es allzu verwegen wird.

Weltbild: Mein Kind und seine eigene (politische) Meinung

Ein denkbares Risikoszenario ist das Abrutschen in politisch fragwürdige Kreise. Über Musik und einen besonderen Lifestyle wird hier gerne Nachwuchs für bestimmte Gruppierungen gewonnen.

Was kannst du tun?

Elternschaft in guter Beziehung kann hier präventiv greifen, indem Themen, sobald ein Kind mehr dazu wissen möchte, altersgerecht und gegebenenfalls schon vor der Pubertät beantwortet werden. Es braucht kein „Dafür bist du noch zu jung!“, sondern verständliche Erklärungen von Abläufen, Geschehnissen und Nachrichteninhalten:

- Du kannst zum Beispiel recht kindgerecht lange vor der Pubertät erklären, was Rassismus ist, was Gefühlskälte ist, fehlende Anteilnahme am Schicksal anderer.
- Kinder verstehen auch, was frustrierte Menschen sind, die sich Kanäle für ihre Wut suchen.
- Schon vorpubertäre Kinder begreifen das, denn sie erleben oft ähnliche Situationen mit Gleichaltrigen: Ausgrenzung aufgrund von Äußerlichkeiten, aufgestaute Wut aus einem kalten Elternhaus, die sich auf dem Spielplatz entlädt, und so weiter.
- Du kannst ins Gespräch darüber kommen, dass man versuchen könnte, ausgrenzenden Freunden sensibel zu begegnen, hinzuschauen, was hinter ihrem Verhalten steckt, und ihnen zu helfen, ihre Perspektive zu wechseln, sodass sie empathischer reagieren können.
- Auch umwelt- oder finanzpolitische Inhalte kannst du aufgreifen und erläutern, sie auf Kinder- oder Jugendebene oder auch auf die Bedeutung für die eigene Familiensituation herunterbrechen und ihnen so näherbringen.

- Du musst beständig helfen, Gehörtes und Erlebtes richtig einzuordnen und nicht nur die marktschreierischen Schlagzeilen oder nur die Bereiche, die ausschließlich einen selbst betreffen, zu sehen, sondern vor allem die Zwischentöne und Graustufen sowie die Bedeutung von Geschehnissen für verschiedene Gruppen.

Mit steigendem Alter wachsen die Möglichkeiten, sich mit politischen Themen auseinanderzusetzen. Offene Diskussionen und gemeinsames Sammeln von Informationen sind genauso wichtig wie bereits genannte Eigenschaften wie ein gestärkter Rücken, Konfliktfähigkeit und Empathie, um sich nicht vor den Karren fragwürdiger Bündnisse, Parteien oder auch Religionsgemeinschaften spannen zu lassen.

Eltern dürfen und müssen hier wachsam und auch mutig sein im Kritisieren fragwürdiger Haltungen ihrer Kinder. Auseinandersetzung und auch Streit sind anregend und geben schließlich Orientierung mit – auch wenn sie erst einmal anstrengend und frustrierend sein mögen.

Es ist nicht untypisch, dass ein Teenager erst einmal kritisiert und auseinandernimmt, dann mit seiner eigenen aufbrausenden Herangehensweise unglücklich ist und unsere Hilfe braucht, um die eigene Meinung wirklich zu verfestigen. Hier ist es wichtig, nie ins herablassende „Hab ich doch gesagt!" zu verfallen, sondern zugewandt zu bleiben.

Ich sehe das anders: Mein kritisches Kind

Vorbeugen und erziehen kannst du, indem du dein Kind dazu anleitest, sich fragend auseinanderzusetzen – nicht nur mit politischen Fragestellungen, sondern mit der Welt im Allgemeinen, dem Alltag, dem Umfeld, fremden und eigenen Gedanken. Anstatt einfach etwas hinzunehmen, darf (und sollte es oft) hinterfragt werden.

Was kannst du tun?

Kinder lernen das zum einen dadurch, dass Eltern ihnen hier ein Vorbild sind – aber am ehesten doch dadurch, dass es in ihrer Familie zulässig ist, Gesagtes, Vorgaben, Regeln anzusprechen und kritisch zu betrachten:

- Einerseits ist das für Eltern ein anstrengender Aspekt des In-Beziehung-Seins, denn wie oft wünscht man sich, dass Vorgaben einfach mal umgesetzt werden, ohne sich erklären zu müssen. Dieses ewige Diskutieren und Erläutern ist ja lästig und anstrengend!
- Aber andererseits wünschen sich Erwachsene doch eine nachkommende Generation, die ihre Reflexionsfähigkeiten nutzt, Argumente sucht, Argumentieren übt, Gesetztes zum Beispiel in Kultur und Politik hinterfragt, neue Wege ausprobiert und bewusst mit offenen Augen durchs Leben geht. Und wo sollen die jungen Menschen das lernen, wenn nicht zuallererst zu Hause?

Nur wenn du deinem Kind zugestehst, seine Reflexion und Sprache zu nutzen, Unklarheiten anzusprechen, eigentlich Festgelegtes doch noch mal zu hinterfragen, können sich prüfende, differenziert denkende junge Menschen entwickeln, die stark ins Leben gehen.

Gibt es für Eltern wichtige, unverhandelbare Themen, wird ein Kind, das dazu ermutigt wird, Dinge zu hinterfragen, viel eher bereit dazu sein, im Alltag mit seinen Eltern oder anderen zu kooperieren. Und es wird vor allem auch gut aufgestellt sein, um sich von fragwürdigen Positionen, die ihm außerhalb seiner eigenen vier Wände begegnen, nicht einfach so mitnehmen zu lassen.

Ein Nein ist okay: Mein Kind wird respektiert

Jugendliche sollen diskutieren und Dinge anzweifeln dürfen. Dazu gehört auch, dass du ein klares Nein von ihnen akzeptierst und nicht mit Macht niederdrückst.

Was kannst du tun?

Auch das fängt schon bei Babys und Kleinkindern an und hört im Jugendalter nicht auf. Ein Nein solltest du dir immer genauer anschauen:

- Kinder, die in enger Bindung und Beziehung aufwachsen, haben Platz, sich zu spüren und eigene Bedürfnisse zu erkennen.
- Sie können reflektierend erarbeiten, was sie benötigen und was sie definitiv nicht ertragen können oder wollen.
- Auch wenn du anderer Meinung bist und nach reiflicher Überlegung nicht von deiner Haltung oder Meinung abrücken möchtest, ist es wichtig, dass die Jugendlichen nicht schlicht übergangen werden. Es ist das Mindeste, sie anzuhören und zumindest Kompromisse zu finden.

Kinder und Teenager, die zu Hause derartigen Respekt erfahren, sind auch außerhalb ihrer Familie eher stark, um Nein zu sagen:

- Wer signalisieren darf, dass er die Umarmung der Tante beim Kaffeebesuch nicht möchte, der kann auch dem Trainer in der Sporthalle zeigen, dass eine Berührung nicht erwünscht ist.
- Wer zu Hause erklären darf, dass er mit einer schulischen Anforderung überfordert ist, der kann auch später im Leben besser auf sich achten und äußern, wenn dienstlich etwas im Argen liegt.
- Und wer am heimischen Esstisch sagen darf, wenn er einen Witz auf seine Kosten absolut gemein findet, der wird auch eher die passenden Worte finden, wenn sich drei Klassenkameraden verbündet haben, um verbal auf einen Mitschüler einzudreschen.

Ein geäußertes Nein ist immer erst einmal mutig. Es ist an den Eltern, das zu sehen und dann damit zu arbeiten, damit die Jugendlichen sich wertgeschätzt und echt gesehen fühlen sowie so gestärkt in die Welt gehen können. Wie viele Erwachsene durften als Kinder nicht Nein sagen – und können es heute nicht?

Eltern dürfen keine Ja-Sager erwarten, die ihr Abbild werden und vielleicht sogar ihre Sehnsüchte erfüllen, die sie selbst nicht umsetzen konnten. Hier solltest du immer wieder auf dich selbst und deine Erwartungen schauen und sie gegebenenfalls neu justieren.

Eltern wollen mutige Kinder, die ihre Entscheidung eigenständig, empathisch geleitet treffen können. Das heißt, sie sollten ihnen nicht leichtfertig über den Mund fahren, wenn sie Nein sagen. Schau stattdessen genau hin, ob es nicht doch gut ist, ob dein Kind nicht klug ist, ob da nicht ein großer Entwicklungsschritt geschehen ist. Unterstütze es dabei, wenn es Nein meint – und das genauso zu äußern!

EXTRATIPP

Gute Bindung und Beziehung sind Prophylaxe, aber keine Garantie, dass dein Teenie nicht mal stolpert und falsche Entscheidungen trifft. Wird er selbst zum Mobber, hat Ärger am Hals wegen Gewalttätigkeiten oder Drogenmissbrauch, ist der wichtigste Rat an Eltern, nicht die Angst die Oberhand gewinnen zu lassen. Denn bekommst du Panik, wirst du wahrscheinlich unfair, distanziert oder herrisch reagieren und deinen Teenager eher noch weiter von dir wegstoßen. Versuch stattdessen deinem Kind zu sagen, dass du froh bist, nun Bescheid zu wissen, dass es Probleme hat. Erzähl ihm von deinen eigenen Schwierigkeiten in der Pubertät. Und hol dir mit oder auch ohne deinen Teenie fachkundige Beratung bei Erziehungs- oder Drogenberatungsstellen. Wenn du eine erste Anlaufstelle benötigst, kannst du beim Jugendamt zunächst anonym Hilfe suchen. Hab keine Angst!

MEDIEN, SCHULE, ALKOHOL: WIE VERMEIDE ICH KONKRETE KONFLIKTSITUATIONEN?

Es gibt Alltagsthemen, immer wiederkehrende Situationen, die auch Eltern Kopfzerbrechen bereiten, die den Fokus auf Beziehung setzen. Oft liegt es daran, dass die Kinder noch nicht die nötige Reife und nur wenig Erfahrung haben. Wie kann ich mein Kind darin unterstützen, gut überlegt zu handeln?

Wie gehen wir mit den Kindern um, die sich von uns abgrenzen, sich an andere anpassen wollen, eigenständiges Tun und Entscheiden üben müssen, sich erwachsen fühlen wollen und uns Eltern infrage stellen? Wie helfen wir ihnen, wenn sie aufgrund ihrer körperlichen Reifungsprozesse, speziell im Gehirn, eher zu riskantem und chaotischem Verhalten neigen, nicht gut planen können und eher impulsiv sind?

In diesem Kapitel geht es um die nähere Betrachtung verschiedener schwieriger Themenbereiche. Es gibt auch hier Beispielgeschichten aus Familien mit Teenagern, es werden Impulse zu verschiedenen Angelegenheiten aufgezeigt und Ideen an die Hand gegeben, wie Eltern in guter Beziehung handeln können. Jede Familie muss individuell entscheiden, was konkret zu ihr passt und was nicht, denn es gibt keine allgemeingültigen Vorgaben, die immer und bei jedem „funktionieren" bzw. zu einem „perfekten Ergebnis" führen.

Helfen, ohne einzuengen

Behalte im Hinterkopf, dass dein Jugendlicher oft Hilfe braucht, unbewusst auch sucht und sich wünscht, aber das nicht immer zeigen oder formulieren kann. Es ist deine Aufgabe als Elternteil, dies zu sehen und immer wieder anzubieten.

Dabei können folgende Fragen Hilfestellung bei all diesen Themenfeldern und Konflikten sein:

- Was stört mich? Ist es wirklich gefährlich? Habe ich alle Informationen, um eine gute Entscheidung zu treffen? Liegt der Ursprung meiner Ablehnung und Sorgen in mir und meiner Vergangenheit und hat eigentlich gar nichts mit meinem Kind zu tun? Brauche ich Hilfe, um eine Entscheidung zu treffen? Ist meine Abneigung wirklich begründet? Ist mein Nein richtig?

- Was denkt mein Kind? Warum ist es ihm wichtig? Sieht es meine Sorgen und allgemein bekannte Probleme an der Thematik?
- Wie finden wir einen Kompromiss? Wer kann welche Zugeständnisse machen? Wie können wir aufeinander zugehen? Wie kann eine Lösung aussehen?

Mediennutzung: Wie lernt mein Teenager einen guten Umgang?

Die Zeit, die Kinder heutzutage mit modernen Medien verbringen, wird in den meisten Familien nicht erst in der Pubertät zu einem Streitpunkt.

Wollen Eltern hier, egal zu welchem Zeitpunkt und in welchem Kindesalter, eine Lösung finden, ist es sinnvoll, sich zum einen darauf zu besinnen, dass auch sie als Kinder Medien spannend fanden und viel genutzt haben – und auch jetzt als Erwachsene quasi ständig damit umgehen. Der Blick aufs Früher hilft dabei, sich besser in die Kinder einzufühlen: Wie oft war es spannender, den nächsten Tetris-Rekord am Gameboy zu knacken, als einen Französischaufsatz zu schreiben? Wie wichtig war es zu wissen, wie es in der ZDF-Vorabendserie weiterging? Wie dringlich wollte man auch die zweite Halbzeit vom Fußballländerspiel sehen, selbst wenn am nächsten Morgen eine Mathearbeit anstand? Wie viel Zeit hat man am ersten Computer damit verbracht, vielleicht Pong oder PacMan zu spielen, den Nadeldrucker Dinge auf Endlospapier ausdrucken zu lassen oder das Tippen auszuprobieren?

Zum anderen ist der Blick auf den Wandel der Medien ebenso hilfreich bei der Bewertung: Heute sind die elektronischen Geräte viel öfter mitnehmbar, begleiten einen durch den Alltag, und in einem Gerät stecken mehrere Anwendungsmöglichkeiten. Sie helfen dabei, verbunden zu sein mit anderen. Sie sind viel mehr Teil des Alltags eines jeden von uns, können auch als Lernhelfer funktionieren und sind sehr aktiv verwendbar.

Und es ist wichtig, dass unsere Kinder die Welt von klein auf spielerisch erlernen: Geld zählen im Kaufmannsladen, Fairplay beim Fußball, Logik und Physik beim Kugelbahnbau – was spricht komplett gegen erste Medienkompetenz durch Handyspiele?! Nur unsere diffusen Ängste ...

Mögliche Risiken

Natürlich sollte man nicht vergessen, dass sich über das Internet geteilte Informationen rasch ausbreiten können, die Nutzung nicht nur berieselnd, sondern auch extrem anziehend sein kann, dass unsere Teenies sich dort unter Umständen sehr frei präsentieren und Chats rasch aus dem Ruder laufen können – und Fremde leichter Kontakt mit unseren Kindern aufnehmen können. Gemeinsames Informieren ist wichtig. Großartig sind da alle Materialien von klicksafe.de!

Jede Familie kann hier nur ihre eigene Regelung finden, teilweise auch abgestuft für jedes Kind. Pauschalaussagen sind nicht hilfreich. Stattdessen ist es wichtig, im Hinterkopf zu haben, dass wir unsere Kinder auch hier begleiten wollen, vom erklärten, noch von uns geregelten Umgang hin zum kompetenten, selbstbewussten und sicheren Alleinnutzen – wie auf anderen Entwicklungsfeldern auch. Denn wenn wir ihnen hier mit steigendem Alter immer noch Vorschriften machen wollen, werden sie uns immer weniger ernst nehmen und haben noch dazu nicht die Möglichkeit, hier Selbstdisziplin zu üben und auszubilden.

Was kannst du tun?

- Es gibt **Jugendschutzfilter**, die man in der Einstiegsphase (vermutlich der Vorpubertät) verwenden kann, um die Flut an möglichen Informationen, die beim Teenie ankommen, klein zu halten. Erklärst du, warum sie eingesetzt werden sollen, und gibst vielleicht auch eigene Ängste und Unsicherheiten zu, so wird dein Jugendlicher wahrscheinlich eher bereit sein, erst einmal mit diesen Filtern zu leben. Aber rechne damit, dass dein Kind eher früher als später herausfindet, wie es Filter umgehen kann. Darum ist es so wichtig, darüber zu sprechen, was du gefährlich findest und warum und auf der anderen Seite, was deinem Kind wichtig ist. Das wird nicht immer leicht zu lösen sein und diese Auseinandersetzungen gehören dazu. Wichtig ist, dass jeder dem anderen zuhört und bereit ist, einen Schritt auf sein Gegenüber zuzumachen – auch du.
- Auch über **Suchtpotenziale** von Spielen solltest du mit deinem Kind sprechen und es anregen, darauf zu achten, sich nicht unbedingt für etwas zu entscheiden, bei dem es problematisch sein könnte, nicht jeden einzelnen Tag viel Zeit investieren zu können. Das würde nämlich unnötig Druck in ihm erzeugen oder somit unweigerlich zu Diskussionen führen. Ebenfalls sind Spiele und Apps nicht sonderlich zu empfehlen, die man nicht jederzeit nach eigenem Ermessen unterbrechen und abspeichern kann. Nur wenn das geht, können Jugendliche hier Selbstbestimmtheit leben. Sprecht darüber.
- Zeige **Interesse** an der Mediennutzung deines Kindes. Oft beklagen Teenieeltern sich darüber, dass gemeinsame Themen fehlen und beispielsweise Schweigen am Esstisch herrscht. Doch es liegt in deiner Hand, dich für die Inhalte zu interessieren, die dein Kind konsumiert. Selbst wenn sie dich langweilen oder nerven, solltest du dich bemühen. Es geht nicht um den anstrengenden Tik-Tok-Star – es geht dabei um dein Kind. Interessiere dich für seine Begeisterung. Aber tausche dich nicht nur über Spiele und Apps,

sondern vor allem auch über die Wirkung im Netz, die mögliche Öffentlichkeit, Urheberrechte, Gefahren geteilter Daten usw. mit deinem Kind aus. Führst du es so begleitet an Medien heran, kann es diese kompetent und sicher nutzen. Dies gilt insbesondere auch für öffentliches Chatten, bei dem häufig nicht klar ist, wer wirklich auf der anderen Seite sitzt.

Die Möglichkeiten durch Künstliche Intelligenz (KI) sind Fluch und Segen zugleich. Ein Chatbot kann rasch alle Fragen beantworten, die dein Kind beim Chemielernen hat, aber er kann auch genauso schnell eine Textanalyse ausspucken, die als Hausaufgabe gefordert ist. Das ist verlockend, manchmal eine Hilfe, oft aber sicher auch eine Bremse, weil dein Teen bequem auf das Lesen und die eigene Auseinandersetzung mit der Deutschlektüre verzichtet. Und natürlich ist es auch eine Gefahr, denn eine Gewähr auf die Korrektheit der ausgespuckten Inhalte gibt es nicht.

Darüber solltest du genauso mit deinem Teenie sprechen wie über Fakenews. Sowohl Texte, aber besonders auch Bilder können durch Menschen und erst recht durch Maschinen gefälscht werden. Gerade dank der KI wird es immer schwieriger, gefälschte Inhalte von echten zu unterscheiden. Weist du dein Kind darauf hin, bedeutet das nicht, dass du es unterschätzt, denn selbst gestandene Journalisten sind beispielsweise schon auf die Bildbearbeitung durch eine KI hereingefallen. Für die politische und gesellschaftliche Bildung und Meinungsbildung ist es fatal, wenn Jugendliche nicht lernen, sich klug damit auseinanderzusetzen.

Die wichtigsten Gedanken sind: Ist die Meldung besonders ungewöhnlich und auffällig? Woher stammt sie und was könnte die Absicht dahinter sein? Bei welchen Quellen findet sich die gleiche Meldung/ das gleiche Bild? Rasches Weiterleiten von besonders effekthascherischen Daten ohne weitere Prüfung ist selten eine gute Idee.

- Typisch für Jugendliche ist es, sich auszuprobieren und auch **sich zu zeigen**. Im Internet gibt es immer mehr Bühnen dafür, und die sollten auch genutzt werden dürfen – aber wiederum gemeinsam angeschaut, ausgewählt, begriffen werden. Oft lässt sich die Privatsphäre tatsächlich sehr gut einstellen. Auch hierbei solltest du erklären, warum das gemacht wird. Hilfreich kann sein, deinen Teenager dazu anzuregen, sich vor dem Posten zu überlegen, ob er den Inhalt auch am Schwarzen Brett der Schule aushängen würde. Außerdem ist es wichtig, dass ihr euch gemeinsam informiert, mit welchen Mitteln die jeweiligen Apps versuchen, dein Kind immer wieder zum Nutzen zu verführen und zum ständigen Teilen zu animieren.

Hast du den Begriff „Oversharing“ schon gehört? Er beschreibt, dass viele Internetnutzer heutzutage viel zu viel im Netz platzieren, erzählen und zeigen, als es gut und gesund wäre. Das geschieht bei Jugendlichen oft aus Unsicherheiten heraus oder weil sie vielleicht in einen Flow geraten sind. Manchmal kann auch der Wunsch nach Aufmerksamkeit oder sozialer Druck aus der Clique zum übermäßigen Teilen privater Daten und Details führen.

Das Problem daran ist einerseits, dass diese Art von Mediennutzung die psychische Stabilität gefährden kann. Andererseits macht sich ein Teenie so natürlich auch leicht angreifbar und kann rasch das Opfer von Mobbern oder Stalkern werden. Und auch in diesem Zusammenhang ist das Thema KI wieder relevant: Aus jedem hochgeladenen Foto kann eine Maschine ohne viel Aufwand beispielsweise ein realistisch erscheinendes Nacktbild generieren. Über diese Gefahren müsst ihr sprechen. Im ersten Moment wird dein Teenie deine Warnungen wahrscheinlich nervig bis peinlich finden, aber sei dir sicher, dass deine Worte wirken werden.

- Wenn eine Familie die verschiedenen Geräte wie Computer, Handy oder Tablet ganz **normal in ihren Alltag** einbaut und für verschiedene Dinge nutzt, verlieren sie schon mal viel von ihrer magischen Anziehungskraft: Dein Teenie kann sie als Taschenrechner, Wörterbuch, Vokabeltrainer, Tageszeitung, Synonymlexikon, Hilfe beim Erstellen von Referaten, dank guter Tutorials als Nachhilfelehrer, zum Skypen und Kontakthalten u. v. m. verwenden – und das solltest du ganz natürlich zulassen.
- Einigst du dich mit jüngeren Teenagern auf feste Spiel- oder Videoschauzeiten, solltest du im Blick behalten, dass die Geräte nicht nur zum Berieseln genutzt werden. Gerade das Zusammentreffen mit Freunden online ist sicher keine vergeudete Zeit. Die Teenies spielen und reden miteinander, viele bleiben so richtig gut in Kontakt, manche lernen darüber sogar eine Fremdsprache besser, wenn die Kontakte internationaler werden. Und Lesen, Recherchieren, Bildersuchen zum Abmalen u. Ä. stellen dabei keine Zeitverschwendung dar, die mitgemessen werden sollte. Überhaupt ist „Zeitverschwendung" ein schwieriger Begriff, denn auch Pausen vom Alltag sind wichtig! Begrenzt man Bildschirmzeiten, solltest du dir klar überlegen, warum und was man stattdessen tun kann. Zeitregelungen müssen auch nicht jeden Tag gleich sein, sondern können flexibel gehandhabt werden – manchmal hat man mehr Freizeit, manchmal erfordern Spiele oder Ähnliches einmal mehr zeitlichen Einsatz als sonst. Je älter die Teenager werden, desto mehr sollte man ihnen die Zeitplanung überlassen und immer weniger auf die Uhr schauen. **Wer seine Pflichten erledigt, darf auch seine Freizeit selbstständig planen.**
- Computer oder Tablets lassen sich anfangs gut teilen, sodass jedes Familienmitglied allein dadurch schon eine minimierte Nutzungszeit hat. Das kann anfangs zwischen Geschwistern ein Stressfaktor sein, den du begleiten musst, und schnell wird der Wunsch nach weiteren Geräten für jeden groß – wahrscheinlich auch bei dir als Moderator und Streitschlichter. Aber es lohnt sich oft, mit Regeln

noch eine ganze Weile bei diesem Weg zu bleiben. Die Regeln lassen sich leichter umsetzen, wenn du sie mit deinen Kindern gemeinsam aufstellst.

- Außerdem sollten einige Geräte in den ersten Jahren **einen festen Ort** haben, der von allen genutzt wird: der Laptop im Esszimmer, der Fernseher und die Spielekonsole im Wohnzimmer – nichts in den Kinderzimmern. So bekommst du genauer mit, was wie oft genutzt wird, und kannst besser helfen und auch verstehen.
- Auch während der Hausaufgaben oder abends ab einer vereinbarten Uhrzeit ist ein fester Ort sinnvoll, und zwar in Form einer **Ladeschale**, die sich nicht im Teeniezimmer befindet. Möchte dein Teenager dann noch Musik hören, empfiehlt sich die Anschaffung einer Bluetoothbox. So kann das Gerät mit all seinen ablenkenden Benachrichtigungen und Apps in Lernzeiten und Schlafphasen außerhalb des Zimmers bleiben.
- Diskussionen um sofortiges und dauerndes Nutzen lassen sich unterbinden, wenn von vornherein beispielsweise der Fernseher **nur abends** läuft oder ihr ähnliche Rituale lebt wie „Erst die Hausaufgaben“ oder “Erst die Mithilfe im Haushalt“ oder auch „Nur sonntags komplett freie Zeiteiteilung“.
- **Datentarife für mobile Daten** lassen sich auch erst einmal ausschalten oder erst später hinzubuchen, sodass die Kinder und jungen Teenies ein Gerät unterwegs zwar zum Musikabspielen oder für kleine Spiele nutzen können, aber das Internet zunächst nur zu Hause zur Verfügung steht – wo du immer mal einen Blick riskieren kannst.
- Das erste Handy, zum Beispiel mit etwa zehn Jahren, muss auch **kein Smartphone** sein, nur weil die meisten anderen schon eins haben. Es gibt sie immer noch: die Mobiltelefone, mit denen man nur telefonieren und vielleicht noch Fotos machen kann, sodass die erste Verwendung geübt werden kann und das Kind im Notfall die Möglichkeit hat, zu Hause anzurufen.

- Ebenfalls hilfreich kann es sein, **nicht wie die meisten Familien inzwischen aus dem Gruppendruck heraus** mit dem ersten eigenen Gerät mit mobiler Datennutzung etwa in Klasse 5 zu beginnen, sondern abzuwarten: Wie entwickeln sich die eigenen Kinder in der Gruppe, in der jeder Einzelne immer stärker einen Platz sucht, von Hormonen beeinflusst wird und es zu Cliquenstress kommen kann? Wie stark ist der Rücken des eigenen Kindes, um Chatstress auszuhalten? Wie gut begreift es, was mit hochgeladenen Inhalten passieren kann? Und so weiter.
- Allgemein ist es fürs **Chatten** noch hilfreich, wenn du deinem Jugendlichen mitgibst, dass sie dort beginnende Streitigkeiten nicht schriftlich austragen, sondern dann zum persönlichen Gespräch wechseln sollten. Es fehlt die Mimik im Austausch, schriftliche Worte werden schnell missverstanden und auch mal weitergeleitet, ein kleiner Disput kann rasch ausufern.

Wer sein **Glücksgefühl nur noch aus Computerspielen zieht** und ohne diese vielleicht sogar zu Aggressionen neigt, der sollte von den Eltern mit viel Hilfe zurück ins Leben geholt werden: Gemeinsame Erfahrungen, die mit allen Sinnen und gemeinsam gemacht werden, können einen Gegenpol setzen. Es ist wichtig, sich darüber auszutauschen, dass man eine Gefährdung sieht. Das schafft Abstand und bietet eine Reflexionsmöglichkeit.

Spürt dein Teenie oder du, dass es an einer Stelle doch hakt, die Zeit für Freunde und Hobbys oder natürlich für die Schule stark abnimmt, **der Kopf immer zu sehr bei der nächsten Mediennutzung ist**, ist es (mit Fokus auf eure Beziehung) wichtig, hier gemeinsam hinzusehen: Statt Strafen und Verbote auszusprechen, setzt euch an einen Tisch, überlegt gemeinsam bessere zeitliche Regelungen mit Blick darauf, wie viele Pflichten zu erledigen sind, aber auch dass ein Spiel vielleicht nicht gut in 30-Minuten-Häppchen gespielt werden kann. Hilfreich kann zudem sein, dass ihr (nicht nur für Lern- und Schlafzeiten, sondern darüber hinaus) gemeinsam feste Orte für die Geräte sucht, von denen sie nur explizit für die vereinbarte Verwendung weggenommen werden: Eine Musikbox im Kinderzimmer kann zum Beispiel auch vom Handyplatz am Ladekabel auf dem Flurschrank gesteuert werden, sodass man nicht Gefahr läuft, doch wieder auf dem Bett sitzend das Zocken am Handy zu beginnen.

EXTRATIPP

Spricht man mit verschiedenen Lehrern, so ist immer wieder zu hören, dass Krisen unter Klassenkameraden sich erst durch Chats via Mobiltelefone so richtig hochschaukeln. Gerade Grund- und Unterstufenschüler verfügen oft noch nicht über den Horizont, klar einzuschätzen, welche Risiken das bloße Schreiben einer Aussage birgt, der Intonation, Mimik und Gestik fehlen. Und sie verstehen auch nicht, wie rasant es im Chat geschieht, dass man sich verleiten lässt, bei einem intriganten Spiel einzusteigen.

Es ist daher besser, noch zu warten, bis das Kind zwölf, 13 Jahre alt und kognitiv noch weiter gereift ist!

Gemeinsam Regeln zu erarbeiten und sich zusammen gut zu informieren verbindet, bringt in Beziehung. Vielleicht findet ihr sogar vermehrt Mediennutzungsmöglichkeiten, denen ihr gemeinsam nachkommen könnt. Über kurz oder lang wird die jetzt heranwachsende Generation oft geübter mit den Medien umgehen können als wir; unterstützen wir sie doch dabei, indem wir zusammen üben, Vertrauen schenken und außerdem ganz weg von Internet und Co. zusätzlich andere Interessen, Freundschaften und auch schlicht das Selbstbewusstsein unserer Kinder stärken.

Was sagen andere Eltern?

Sarah (32), Mutter eines Sohnes (15), über Mediennutzung:

Spontan fällt mir der Umgang mit PlayStation-4-Spielen ein. Viele Eltern verbieten rigoros zum Beispiel Spiele ab 18. Das heißt dann aber oft, dass die Jugendlichen, die mit 14, 15, 16 diese Spiele natürlich trotzdem schon spielen wollen, das heimlich tun.

Da mir klar ist, dass man trotz FSK nicht verhindern kann, dass Jugendliche solche Spiele spielen, lasse ich mir von meinem 15-jährigen Sohn kurz erklären, warum er ein Spiel ab FSK 16 spielen will. Ich schaue mir YouTube-Videos dazu an und informiere mich gegebenenfalls auch weiter. Dann treffe ich eine Entscheidung. Generell gilt: Menschen töten, zum Beispiel in Kriegsspielen, Egoshootern, lehne ich ab. Monster töten ist verhandelbar. Diese Handhabung hat dazu geführt, dass mein Sohn meine Entscheidungen akzeptiert und mir auch sagt, wenn er bei Freunden doch verbotene Spiele gespielt hat – was allerdings nicht mehr vorkommt, da er glücklicherweise kein Interesse an „Call of Duty", „Battlefield" u. Ä. hat.

Das so angeeignete Wissen hilft mir auch als Lehrerin. Meine Schülerinnen und Schüler (Mittelschule Bayern, Alter zwischen zwölf und 17) sind oft wesentlich gesprächsbereiter, wenn sie merken, dass ich mich mit den Spielen, YouTubern usw. auseinandergesetzt habe, die sie gerade interessieren, und sie nicht vorverurteile. So konnte ich zum Beispiel letzthin eine wirklich gute Diskussion über „Fortnite" führen. Und sie haben sich zumindest angehört, was ich daran problematisch finde.

Chaos im Kopf: Wie bleibt ein bisschen Ordnung im Alltag?

Durch die hormonellen Umstellungen im Teeniekörper und auch durch ihre innere Unsicherheit müssen wir im Jugendalter oft das Wort „Chaos“ mit unseren Kindern verbinden: Chaos im Kinderzimmer, Chaos in unseren Räumen, Chaos bei den Schulsachen und beim Lernverhalten, Chaos beim Einhalten von Terminen und beim Ausgeben von Geld.

Der erste Schritt zum Umgang damit ist wieder das Annehmen. Denn: Es geht allen Gleichaltrigen so – mal mehr, mal weniger ausgeprägt. Die Entwicklung zu mehr Ordnung erfolgt schrittweise und nicht von jetzt auf gleich.

Das heißt, Eltern dürfen nicht an zu vielen Fronten gleichzeitig kämpfen und auch nirgends ein sofortiges gutes Umsetzen erwarten.

Vergesslichkeit ist ein typisches Merkmal, das für dich als Elternteil anstrengend ist, aber sicher nicht durch Schimpfen verschwindet. Stattdessen braucht es Übung, Orientierung und Vertrauen. Und auch der positive Blick kann helfen, denn das Chaos im Kopf macht oft auch sehr flexibel und sehr kreativ.

Was kannst du tun?

Übergibst du deinem Kind in Absprache erste klar umrissene Tätigkeitsfelder im Haushalt (das eigene Zimmer sauber halten, Spülmaschinendienst, Bad putzen oder Ähnliches), solltest du diesen Wunsch erklären und mit ihm abstimmen. Die Familie ist ein Verband, von dem alle profitieren möchten, in den aber auch alle investieren müssen.

Folgendes solltest du bei der Übertragung von Aufgaben beachten:

- Du kannst dem Teenie die ersten Male zur Hand gehen, ihm gegebenenfalls auch zwei Wahlmöglichkeiten zur Erledigung vorgeben, wenn dies hilfreich erscheint, und ihn dann immer mehr einfach machen lassen – aber beim Einfordern der Pflichten solltest du beharrlich bleiben.
- Geht etwas schief, erleben die Jugendlichen die Konsequenzen (keine Strafen!) und lösen sie (mit deiner Hilfe im Rücken).
- Ist die Umsetzung anders, als du es gewöhnlich tust, musst du das tolerieren – und vielleicht kannst du auch noch etwas lernen. Kartoffeln kann man auf verschiedene Arten schneiden, Badewannen unterschiedlich schrubben. Und Ordnung im Zimmer kann sehr (!) unterschiedlich aussehen – zum Beispiel ein nur zum Staubsaugen freier Boden, der danach wieder vollgelegt wird. Das mag anders sein als in deinen Räumen. Aber es ist nicht von vornherein falsch.
- Du kannst Fragen zur Ausführung stellen, solltest dich dann aber auch auf Erklärungen einlassen und deinen Jugendlichen Zutrauen spüren lassen.
- Du kannst ihn spüren lassen, dass ihn alles, was er lernt und eigenständig übernehmen kann, unabhängiger von dir und anderen macht.

Solange ein Mindestmaß an Hygiene möglich ist, ist Chaos kein Grund für einen Kampf. Du musst auch keine Angst haben, dass Ordnung nie gelernt wird, weil es mit zwölf, 15 oder 17 Jahren nicht danach aussieht. Entwicklung braucht Zeit!

Ordnung auch im Portemonnaie

Nicht nur Aufräumen und Putzen müssen geübt werden, sondern auch der Umgang mit Geld gehört zum Alltag. Hier kannst du dein Kind folgendermaßen unterstützen:

- Taschengeld hilft beim Begreifen von Wertigkeiten.
- Erste Jobs vergrößern die persönlichen Entscheidungsspielräume.
- Einkäufe zu planen und abzuwickeln ist lehrreich.
- Das Teilhabenlassen bei der Urlaubsplanung oder an der Nebenkostenabrechnung schafft Verständnis und Kompetenzen.

Lernen mit Sinn

Rund um die **Schule** sind Chaos und auch Unlust besonders anstrengend. Hausaufgaben machen und Lernen sind nicht ohne Grund Diskussionsfelder: Sie machen selten Spaß und rauben Freizeit. Lebst du Motivation und Leistung vor, ist das schon ein guter Schritt.

Des Weiteren ist es hilfreich, die Jugendlichen nicht simpel dazu zu nötigen, ihre Aufgaben zu erledigen, sondern mit ihnen gemeinsam zu schauen, wie es vielleicht besser gehen kann.

So kannst du dein Kind unterstützen:

- Übe mit ihm Systematiken ein, hilf ihm dabei, Mindmaps schreiben, probiert verschiedenartiges Lernen aus.
- Du kannst deinem Teenie ruhig erlauben, Hausaufgaben unkonventionell zu erledigen: Warum nicht im Bett oder am Boden rechnen und schreiben, warum nicht in Bewegung, im Gehen oder gar Schaukeln lernen und lesen, warum nicht öfter mal Pausen machen, warum nicht erst abends nach einem Nachmittag voller Nickerchen und Zockerei?
- Du kannst im Rahmen deiner Möglichkeiten helfen, trockene Unterrichtsinhalte lebendiger zu machen und anhand von Beispielen aus dem Alltag erläutern. Das Internet liefert hier zu vielen Bereichen gute Ideen. Überhaupt sind großartige erklärende Videos für jedes Alter und Thema im Netz zu finden – nutzt dies gemeinsam!
- Akzeptieren, dass dein Kind seine Aufgaben nicht allein in seinem Zimmer erledigen möchte, sondern es Nähe und Zuwendung

braucht: mal den Rücken kraulen, die Haare durchwuseln, einen Kaffee kochen, Kekse hinstellen, Erdbeeren zum Naschen schneiden – das muss nicht nach der Grundschulzeit aufhören, nur weil es doch jetzt „groß“ ist.
- Nimm es ernst, wenn es immer wieder zu Ausbrüchen, schlimmster Kritik oder auch Tränen kommt und suche dann mit deinem Kind gemeinsam (!) den Kontakt zu den Lehrern. Gibt es eine Über- oder Unterforderung? Was ließe sich ändern? Wie nimmt die Schule das Kind wahr? An welchen Stellschrauben kann gedreht werden?

Zeit im Blick

Terminplanung ist ein wichtiges Feld in der erwachseneren Selbstorganisation. Das richtige Material kann helfen:
- Wochenpläne, eventuell abwischbar, um Lernzeiten oder Arzttermine, variable Proben- oder Trainingszeiten einzutragen.
- Jahreskalender, die gut sichtbar an der Wand hängen.
- Kalender-Apps, die von der Familie gemeinsam genutzt werden.
- Terminpläne von Vereinen oder der Schule können vom Teenie übertragen werden, auch zum Beispiel Arzttermine kann er selbst vereinbaren. So fördern wir die Eigenorganisation und gegebenenfalls auch den konstruktiven Umgang damit, wenn mal etwas schiefläuft.

Was sagen andere Eltern?

Steffi (48), Mutter eines Sohnes (14), über Schule:

Das letzte Jahr war geprägt von Lustlosigkeit, Desinteresse und dementsprechend wenig Motivation, irgendetwas zu tun, außer täglich hinzugehen. Ich habe das erst einmal still registriert und beobachtet, weil ich wusste, dass es eine altersabhängige Phase war. Ich muss dazu sagen, dass mein Sohn noch nie für schlechte Noten Ärger befürchten musste. Als sich seine Lustlosigkeit dann in den Noten bemerkbar machte, habe ich weder gemeckert noch gedroht oder gar gestraft. Ich habe ihn gefragt, ob er zufrieden ist, so, wie es läuft. War er nicht. Dann habe ich ihm sachlich erklärt, was im schlimmsten Fall passieren könnte. Angeboten, ihm zu helfen, um zu einer Lösung zu gelangen. Aber ihn gelassen.

Als er dann in einer Woche drei Fünfen mit nach Hause brachte, war er so weit, um sich darauf einlassen zu können. Also haben wir gemeinsam überlegt, was er braucht, um wieder den Anschluss zu bekommen. Die gefundene Lösung war für ihn völlig akzeptabel. Und es wurde von Woche zu Woche wieder besser, bis es am Ende alles wieder im für ihn richtigen Rahmen war. Die ganze Zeit wusste er, dass er sich blind auf mich verlassen konnte, dass ich ihm helfe.

Die Lösung war: Er hat jeden Mittag für jedes Fach, das er an dem Tag hatte, eine Zusammenfassung geschrieben und diese vor der jeweiligen nächsten Stunde durchgelesen, zur Vorbereitung. Diese Zusammenfassungen hat er als Basis genutzt, um für eine anstehende Arbeit einen Lernzettel zu schreiben. Im Unterricht hat er sich von den Störern distanziert und dabei nicht mehr mitgemacht, sondern sich bemüht, konzentriert mitzuarbeiten. Er hat das Schuljahr ohne eine Fünf im Zeugnis abgeschlossen und hatte einen Schnitt von einer guten Drei.

Schule, Leistung, Stress: Wie kann ich helfen, mit Druck gut umzugehen?

Während einige Jugendliche heutzutage übermäßig starke Leistungsbereitschaft zeigen und ihren Fokus auf gute Noten legen, geraten andere unter die Räder, fühlen sich beständig unter Druck gesetzt und in jungen Jahren schon gestresst. Beiden Gruppen muss man vorleben, wie eine gesunde Balance zwischen den Pflichten und der Erholung aussehen kann und ihnen gegebenenfalls auch dabei helfen, Ausgleichsmöglichkeiten (zum Beispiel sportlich oder musisch) zu finden.

Was kannst du tun?

Den sehr Gestressten bringt Druck überhaupt keine Hilfe. Du kannst vermitteln, dass es einerseits keine Schande ist, auch schlecht benotete Fächer zu haben („Niemand kann alles können!“); ausreichend ist erst einmal wirklich ausreichend („Haste ‘ne Vier, bleibste hier!“). Andererseits kannst du dir aber auch verschiedene Möglichkeiten ansehen, wie dein Kind auf einen guten Lebensweg kommt oder eventuell schon festgelegten Zielen näherkommen kann: Es gibt nicht nur geradlinige Bildungswege, nicht nur das klassische Bildungssystem, sondern jede Menge Möglichkeiten dazwischen wie Abendschulen, Berufsoberschulen, Praktikazeiten u. v. m. Jede größere Stadt bietet Beratungsstellen und Informationsabende an. Zuversicht und Lösungsorientierung sind hier die Stützen, Zufriedenheit ist das Ziel! Der Weg dorthin darf auch mal etwas länger dauern und Umwege nehmen.

„Familie in Beziehung“ bedeutet hier vor allem wieder Kommunikation: von den Eltern mit dem Teenie und eben dann auch gemeinsam mit der Schule.

Kleinschrittig voran

Außerdem kannst du mit deinem Heranwachsenden minimale Ziele innerhalb des Schulsystems ausgucken, die in kleinen Schritten erreichbar sind. Das traut man sich viel mehr zu, als das große Ganze sofort im Auge zu haben. Schön ist es, wenn du in den Gesprächen hierzu ehrlich bist und zugibst, dass du dir Sorgen machst, auch Ängste hast, aber helfen möchtest. Und anstatt von „Du musst jetzt aber mal“-Forderungen sollte dein Denken und Reden angeleitet sein von „Ich möchte unterstützen – für dich helfend aktiv werden!“

Hilfreiche Maßnahmen können sein:

- einen älteren Schüler als Tutor zu engagieren – dies ist oft günstiger als professionelle Nachhilfe, natürlich auch etwas weniger strukturiert, aber kann durch die altersmäßige Nähe auch einiges wettmachen.
- einen Jüngeren als Nachhilfeschüler suchen, denn selbst wenn das eigene Kind Probleme in einem Fach hat, kann es sich grundlegende Inhalte aus einer unteren Klassenstufe vermutlich ganz gut aneignen sowie weitergeben und übt dadurch selbst auch. Das stärkt außerdem sein Selbstbewusstsein.
- auf eigene Faust einen pensionierten Lehrer oder aber einen Lehramtsstudenten finden, der bezahlbar unter die Arme greift.
- gemeinsam machbare Lernpläne erstellen, gegebenenfalls zum Beispiel mit Konzentration auf erst einmal nur zwei Hauptfächer.
- deinen Teenie dabei unterstützen, sinnvolles Lernen und Arbeiten zu planen: mit kleinen Lerneinheiten, guten Pausen, neuen Lernorten (im Stehen, im Liegen, am Boden, in der Schaukel ...).
- selbst Interesse an den Schulinhalten zeigen und den Sinn darin suchen und besprechen.
- die Art der Rückmeldung an dein Kind verändern: In guter Beziehung zu sein heißt hier auch, nicht ständig zu formulieren, was „wieder mal schlecht lief", sondern hinzuschauen und explizit zu erwähnen, wenn es gut gegangen ist!
- ein Abo für ein unterstützendes, gut bewertetes Online-Lernprogramm abschließen. (Es ist sinnvoll, darauf zu achten, dass man es erst eine Zeit lang testen kann, bevor man sich bindet.)
- mit Lehrkräften sprechen und für die Benotung der mündlichen Mitarbeit kleine Sonderaufgaben vereinbaren (zum Beispiel Referate, Hausarbeiten), um den schlechten schriftlichen Noten etwas entgegenzusetzen.
- Rituale zum Akkuaufladen und zum Frustabbau nach außen (nicht nach innen in Form von zerfressenden Grübeleien) finden, zum Beispiel Sport oder ein anderes Hobby.

- Das Wiederholen einer Klassenstufe ist kein Vergehen, nach dem Jahre später noch mal jemand fragt. Und im entscheidenden Moment kann es viel Druck aus der Situation nehmen. Käme es tatsächlich dazu, dass eine Klasse wiederholt werden muss, könntet ihr überlegen, in diesem Zuge die Schule zu wechseln, um mit neuen Mitschülern und Lehrern ganz neu starten zu können. Manchmal ist so ein Ortswechsel geschickt und stabilisierend für die vielleicht angeknackste Psyche des Schülers.

EXTRATIPP

Werden Teenager in der Pubertät eher still (vor lauter Unsicherheit) und ziehen sich zurück, kommt es oft zu Problemen in der Schule aufgrund ihrer mündlichen Leistungen. Andere preschen vor – sie aber melden sich lieber nicht aus Sorge vor Bloßstellung und Gelächter.

Viele Lehrer lassen sich hier in einem gemeinsamen Gespräch mit dem betroffenen Schüler darauf ein, dass dieser eine Mitschrift zu jeder Stunde verfasst und sie ihnen am Ende vorlegt, um zu zeigen, dass er sehr wohl mitgearbeitet hat. (Diese Stundenprotokolle sind auch für den Jugendlichen selbst hilfreich beim Begreifen und späteren Üben für Tests oder Arbeiten.) Ihr müsst nur gemeinsam nachfragen und derlei Vorschläge unterbreiten – oft sind die Lehrkräfte hier dankbar.

Nichts geht mehr?

Echter Schulmüdigkeit, erkennbar am bewussten Schwänzen oder manchmal auch nur morgendlichem Bauchweh oder Ähnlichem, kannst du am sinnvollsten mit sozialer Einbindung vorbeugen: familiäre Sicherheit, Gruppenzugehörigkeit durch Hobbys, Verbundenheit mit der Schule durch dort organisierte Aktivitäten, Klassenverbundenheit durch (vom Lehrer) gefördertes Teamsein ... Ist die Schulunlust erst einmal da, versuche, an diesen Punkten zu arbeiten, am besten unter Einbeziehung vertrauensvoller Lehrer. Kommunikation ist auch hier die Basis, dabei ist die Mitverantwortung der Schule notwendig!

Ist eine Ursache außerhalb der Schule denkbar (zum Beispiel eine Lebenskrise durch Elterntrennung, Umzug und so weiter), ist es ratsam, (möglichst frühzeitig) professionelle Hilfe in Anspruch zu nehmen. Erster Ansprechpartner ist hier der jugendpsychologische Dienst, den es in den meisten größeren Städten gibt. Bei Symptomen wie ständigem Kopfweh, unklaren Hautveränderungen, die psychosomatisch begründet sein könnten, u. Ä. ist auch immer der Blick eines Allgemeinmediziners hilfreich, der gegebenenfalls weiter überweisen kann und wird.

Was sagen andere Eltern?

Elisabeth (34), Mutter eines Sohnes (14), über Schule:

Mein Sohn hat vor Kurzem den Unterricht wegen eines Tests geschwänzt. Und als die Benachrichtigung kam, war er direkt im Verteidigungsmodus, er habe nicht lernen, sondern ein schönes Wochenende haben wollen. Ich war nicht sonderlich begeistert. Aber ich sehe den Druck, unter dem er stand (das Ende des Schuljahres, die absolut fehlende Motivation). Und dann habe ich ihn in den Arm genommen und gesagt, dass wir schon Lösungen finden werden. Und als er in meinem Arm war, fiel die Coolness von ihm ab und er fing an zu weinen. Das bestätigte mich und meinen Ansatz, dass Strafen hier wenig sinnvoll sind. Eventuelle Konsequenzen wie Fehlstunden oder schlechte Noten muss er sowieso tragen.

Ich erlebe meinen Sohn, seitdem er in der Pubertät ist, emotional sehr instabil und daher bedürftiger. Von anderen Eltern weiß ich, dass sie es bei ihren Kindern ähnlich wahrnehmen.

Alkohol & Drogen: Wie bleibt mein Teenager verantwortungsbewusst?

Das erste Kennenlernen und vielleicht einmal übermäßige Konsumieren von Alkohol und Drogen sowie auch Zigaretten bleibt eine große Sorge für fast alle Eltern. Es ist normal, dass Kinder auf dem Weg zum Erwachsenwerden mit diesen Dingen in Kontakt kommen und viele von ihnen auch einiges davon ausprobieren, weil es ein einfacher Weg ist, sich endlich groß und frei zu fühlen.

Gut zu wissen: Die wenigsten rutschen wirklich in echtes Problemverhalten ab. Gerade das Trinken ist jedoch gesellschaftlich anerkannt und wird in vielen Zusammenhängen als übermäßig cool und bewundernswert dargestellt.

Was kannst du tun?

Welche Sorgen du dir machst und warum, solltest du deinem Kind gegenüber frühzeitig ansprechen. Infomaterial von Beratungsstellen oder auch informative YouTube-Videos zum Beispiel können helfen. Oftmals bringen sogar die Kinder selbst aus entsprechenden Projekten in der Schule Broschüren oder erstes Wissen mit, auf das du dann eingehen kannst. Außerdem können mahnende Beispiele aus unseren eigenen Erinnerungen hilfreich sein:

- der Klassenkamerad, der betrunken fast vor ein Auto lief,
- die Mitschülerin, die dank irgendwelcher Drogen vollkommen verplant mit der Bahn in die falsche Stadt fuhr,
- die Schwester, die nach einer halben Flasche Apfelkorn nicht mehr mitbekam, wie ein fremder Junge sie halb auszog.

Solch krasse Beispiele dürfen Erwähnung finden, um die Kids zu sensibilisieren.

Andererseits kannst du vorleben und auch mit ihnen gemeinsam erleben, was gemäßigter Konsum ist: Es spricht nichts dagegen, zusammen auf dem Sofa in sicherer Umgebung zum Beispiel mal auszutesten, wie viele Biere sich noch gut anfühlen und wann es grenzwertig wird. Des Weiteren ist es durchaus legitim, Jugendschutzgesetze zu besprechen, denn die bestehen nicht einfach so – die haben gute, auch gesundheitliche Gründe. Und eigene Grenzen sollen ebenfalls aufgezeigt werden: Was man nicht im Haus haben möchte, sollte man offen ansprechen.

Hilfreich kann für den Jugendlichen auch sein, sich mit professionellen außerschulischen Beratern (falls dies nicht sowieso im Schulprogramm verankert ist) zu Schulthemen auszutauschen. Bekommen unsere Teenager diesbezüglich Informationen aus erster Hand von Menschen, die sie trotz ihres „pubertären Zwischenstadiums" ernst nehmen und sich auskennen, können sie den Input in der Regel sehr gut annehmen und beherzigen – noch besser als von uns Eltern.

Gefährlicher Rausch

Erlebst du deinen Teenager aber doch in einer (oder gar mehreren) übermäßig berauschten, vielleicht sogar gefährlichen Situation, solltest du wie oben beschrieben Lösungen suchen, statt Schuld zuzuweisen. Du musst– ohne persönlich zu sehr enttäuscht zu sein – das Gespräch suchen.

In diesem Gespräch solltet ihr euch über Folgendes austauschen:

- Was ist passiert?
- Wie konnte es so weit kommen?
- Wie hat sich das angefühlt?
- Was sorgt dich daran? Was können körperliche und psychische Folgen sein – gerade während der pubertären (Gehirn-)Reifung?

Nicht gleich jedes Über-die-Stränge-Schlagen hat eine tiefere Ursache. Das kann passieren auf dem Weg. Aber jede echte Sucht hat ihre Gründe. Hier müssen Eltern genau hinsehen, wenn begründete Ängste bestehen:

- Welche Leere besteht da und wird aufgefüllt?
- Gibt es fast keine sozialen Kontakte mehr oder nur, wenn es sich um das eine Thema dreht?
- Wirkt unser Kind lethargisch, erwischen wir es trotz eigentlich guter Beziehung beim Lügen?

Wenn die Sorgen so groß werden, bist du allein auf verlorenem Posten. Dann solltest du – zunächst ruhig ohne Teenie – eine Beratungsstelle aufsuchen (Die Berater sind an eine Schweigepflicht gebunden!) und anschließend das Gespräch mit deinem Kind suchen.

Das Wichtigste ist, in Verbindung zu bleiben. Simple Verbote würden dies vermutlich verhindern und auch nicht wirklich Erfolg bringen. Erklären und sich einfühlen, wenn möglich Vertrauen schenken und aufzeigen, was man am Kind besonders mag, sind die besten Hilfsmittel. Der wichtigste Rat ist, vorbeugend in guter Beziehung zu agieren.

Ein starker Rücken, gute Bindungen, persönlich gesetzte Ziele, sportliche Betätigung, soziale Eingebundenheit, Eltern, die Vorbilder sind, und einiges mehr sind relevant für die Prophylaxe.

Im Kapitel „Gruppendruck und Sucht“ hast du bereits erfahren, wie du die Persönlichkeit deines Kindes stärken kannst, damit es nicht abrutscht. Ist ein Teenager so gut aufgestellt, darf man seinen Selbsterhaltungstrieb nicht unterschätzen – er wird sich sehr wahrscheinlich beim Austesten, bei Mutproben nicht „kaputt machen“.

Fragwürdige Freunde: Wie gehe ich mit schlechtem Einfluss um?

Wie oben beschrieben, sind Freunde ein sehr wichtiges Thema im Jugendalter – oftmals hilfreich, stabilisierend, geradezu gesund. Doch was ist, wenn sie einem seltsam vorkommen und man das Gefühl hat, ihr Einfluss ist kein guter?

Was kannst du tun?

Anstatt sofort mit der Tür ins Haus zu fallen, kannst du dich vorsichtig heranwagen, die betreffenden Gleichaltrigen zu euch einladen, vielleicht zu einem Essen oder noch besser zu einem gemeinsamen Tun: Spiel, Sport, Ausflug, ein Fernseh- oder Zockabend – egal, Hauptsache ihr könnt euch kennenlernen und relativ ungezwungen Zeit miteinander verbringen. Kontakt anzubieten ist besser als Druck. So zeigst du Interesse und siehst vielleicht, dass du dich getäuscht hast.

Sollte das komplett abgelehnt werden, besteht immer noch die Möglichkeit, Kompromisse zu schließen:

- Treffen der Kids könnten bei euch zu Hause stattfinden.
- Die Freunde könnten zum Abholen kommen, damit sich zumindest ein kurzes Kennenlernen ergibt.
- Auch in Bezug auf Ausgehzeiten könntet ihr einen Kompromiss, eine Art Vertrag schließen: Er wird Stück für Stück verlängert, wenn alles zusammen eine positive Entwicklung zeigt.

Bleibt der schlechte Eindruck jedoch bestehen, musst du im Gespräch erklären, was genau dir Sorgen bereitet. Dabei solltest du aber auch offen erkunden, ob du selbst vielleicht zu ängstlich bist.

Du kannst deinen Teenager selbst nach seinen Emotionen fragen:

- Was macht das Verhalten des anderen, das mich sorgt, mit dir?
- Wieso möchtest du ihn als Freund haben?
- Was ist vielleicht negativ an der Freundschaft?
- Sollen wir die Freizeitgestaltung lieber gemeinsam wieder mehr strukturieren, um mehr Halt und Sinn zu geben und Alternativen zu haben?

Andere ins Boot holen

Nur, wenn du dir gar nicht anders zu helfen weißt, solltest du andere Freunde, Eltern oder Lehrer vorsichtig befragen, ob es weitere Anhaltspunkte dafür gibt, dass deine Sorgen berechtigt sind, und dein Bild so vervollständigen. Das hilft dir, wenn du mit deinem Kind redest.

Machen die Jugendlichen gemeinsam gefährliche Dinge? Sind sie im Rahmen und finden (vom Jugendlichen selbst) relativ kontrolliert statt? Dann sind sie oft Stufen auf dem Weg in die Selbstständigkeit. Oder kommt es tatsächlich zu untolerierbarem Verhalten wie zum Beispiel dem Brechen von elementaren Vereinbarungen oder Diebstahl? Auch hier kann das Mittel der Wahl nur das Gespräch sein:

- Was steckt dahinter, dass dein Kind dabei mitmacht?
- Fehlen ihm Ansehen oder Geld?
- Kannst du dabei behilflich sein, stattdessen einen Job zu finden?
- Kannst du selbst ein besseres Vorbild sein und weniger Wert auf Materielles legen?
- Solltet ihr insgesamt wieder intensiver miteinander sprechen?

Vorbild und Nähe

Überhaupt bleibt auch hier unser Elternvorbild die wichtigste Prophylaxe:

- Sind deine Beziehungen auf Augenhöhe oder hast du sogar selbst problematische Freunde?
- Sind deine Freundschaften ehrlich und echt?
- Legst du nicht zu viel Wert darauf, was andere von dir denken und versuchst du nicht ständig, dich ihnen anzupassen?

Und:

- Gibst du deinem Teenie Nähe und gleichzeitig Freiräume, sodass er sich erwachsener fühlen kann, ohne über die Stränge schlagen zu müssen?
- Bist du ihm zugewandt und verhältst dich vertrauensvoll?
- Zeigst du ihm, was er für ein wertvoller Mensch ist, und stärkst ihm so den Rücken gegen „schlechte Freunde"?
- Bist du einfühlsam, unaufgeregt, natürlich – oder unverhältnismäßig besorgt oder regulierend?
- Zahlt sich ein korrektes Verhalten ausreichend aus – in Form von Anerkennung und über mehr Erlaubtes bis hin zu finanziellem Spielraum?

Definitiv darf so etwas wie tendenziell kriminelles Verhalten natürlich nicht auf die leichte Schulter genommen werden. Gegebenenfalls müssen beide Seiten ihr Verhalten überdenken. Auch hier ist zur Not professionelle Hilfe gut: Beratung im Jugendamt, beim schulpsychologischen Dienst, einem Jugendpsychologen oder in Jugendhilfeeinrichtungen, Rücksprache mit der Polizei oder auch einem Anwalt, soziale Trainingskurse (privat oder in Kooperation mit den Justizbehörden) und Elterntrainings sind ebenfalls nicht außer Acht zu lassen. Hilfe anzunehmen ist keine Schande, sondern ein mutiger Schritt!

Was sagen andere Eltern?

Melanie (45), Mutter einer Tochter (17), über eine manipulative Freundschaft:

Meine Tochter hatte einen Freund, der noch älter war als ich und sehr manipulativ. Es ging ihr nicht gut mit ihm. Im Umfeld hieß es oft, ich solle sie rausschmeißen und den Kontakt abbrechen, wenn sie doch nicht „hört". Es war auch zwischen uns schwierig dadurch. Aber ich hab sie nicht rausgeschmissen oder mit ihr gebrochen. Ich hab ihr gesagt, dass ich mir Sorgen um sie mache. Ich denke, mit Druck hätte ich nur das Gegenteil erreicht und sie von mir fortgetrieben. So wusste sie, ich bin immer da. Auch, als sie zu ihm zog. Horror! Doch auch da konnte sie immer auf mich zurückgreifen. Es hat noch eine Weile gedauert, aber sie hat es dann doch nicht mehr ausgehalten. Auch, weil sie ja bei meinem Mann und mir gesehen hat, wie eine Beziehung funktionieren kann und auch sollte: respektvoll, auf Augenhöhe, ohne emotionale Erpressung.

Körper & Gesundheit: Wie kann ich bei einem gesunden Leben unterstützen?

Der Körper weist in der Pubertät die sichtbarsten Veränderungen auf. Hier sind Teenager am ehesten zu verunsichern. Dass sie sich damit befassen, ist normal und gut – Zwänge, Süchte, Selbstverletzungen sind es nicht. Egal um welchen Bereich es genau geht: Eltern sollten zunächst zugewandt, locker, interessiert sein sowie in Bereichen, die ihnen wichtig sind, als Vorbild vorangehen. Und wenn es einem doch kritisch erscheint, muss man Hilfe suchen (zum Beispiel über den Kinderarzt).

Was kannst du tun?

Das Thema **Essen und Gewicht** sollte immer positiv besetzt sein:

- Ernährst du dich ausgewogen und denkst nicht ständig in Kalorienzahlen, sprichst nicht andauernd von Diäten?
- Gönnst du dir mal etwas Süßes und mal Fastfood und verbannst dies nicht komplett aus eurem Leben?
- Kauft ihr gemeinsam ein und verbringt eine gute Zeit zusammen am Esstisch?
- Bewegt ihr euch ausreichend, habt vielleicht sogar eine passende Sportart gefunden und macht gute Erfahrungen mit eurem Körper, egal wie er auch aussehen mag?
- Akzeptierst du dich so, wie du bist, und lässt fremde Kommentare an dir abprallen?
- Hörst du auf die Ratschläge von Ärzten?

Was sagen andere Eltern?

Jörg (42), Vater von Zwillingen (14), über Süßigkeitenkonsum:

Bei Süßigkeiten haben wir keine strenge Verbotsregelung, sondern alles liegt in einem Küchenschrank, auf Kinderhöhe frei zugänglich, seit sie klein sind. Es gibt nach dem Mittag- und Abendessen ein Stück, darauf können sie vertrauen, also haben sie keine Not, sich bei sonstigen Gelegenheiten zwanghaft vollzustopfen oder zu nehmen, was sie bekommen können. Ich nenne das Konzept „geregelter Konsum“, als Mittelweg zwischen strengem Verbot und völliger Freigabe. Funktioniert aber nur, weil wir ihre Wünsche hören, prüfen und nur begründet ablehnen. Denn zwanghafte Vorschriften unter Ausnutzung des Machtgefälles funktionieren nur so lange, bis die Kinder als Jugendliche die Macht infrage stellen. Dann zeigt sich schnell, dass die Eltern eigentlich machtlos sind. Wie in einem Tierrudel, wo Jungtiere irgendwann die Vormacht des Alphatiers anzweifeln und es zum Kampf kommt, den über kurz oder lang das Jungtier gewinnt.

Wichtig zu bedenken ist, dass durch die hormonellen Veränderungen auch Appetit, Ernährungsinteressen und körperliches Aussehen individuell mitbestimmt werden – nicht alles Neue, Sonderbare am Teenager ist gleich bedenklich.

Wenn Eltern hier aber ein Problem wahrnehmen wie zu starkes Befassen mit dem Essen, zu einseitige Ernährung oder ständiges Diäten, sollten sie dies ansprechen und gemeinsam angehen. Auch den inneren Schweinehund muss man dann überwinden, um ohne Heimlichkeiten mit dem Kind Veränderungen anzugehen.

Ein schwierigerer Themenbereich ist echte Magersucht. Sie entsteht häufig nicht ursächlich aus dem Ernährungsthema, sondern weist wie jede Sucht auf einen anderen Konflikt hin, der nicht bearbeitet, sondern auf diese andere Weise ausgelebt wird: Besteht ein geringes Selbstwertgefühl, wurden unangenehme körperliche Erfahrungen wie unerwünschtes Berühren gemacht? In jedem Fall ist es bei auffälligem Gewichtsverlust gut (eventuell auch zunächst allein), einen Experten hinzuzuziehen. Aber auch dein Kind solltest du mit seriösen Informationen versorgen. Ein guter Ausgangspunkt hier sind der Kinderarzt oder der jugendpsychologische Dienst.

Beweg dich mit!

Die Einstellung zum **Sport** kann sich im Jugendalter stark ändern: Manche Teenies werden komplett träge, andere übertreiben es fast mit dem Formen des „neuen" Körpers. Die aus der ersten Gruppe lassen sich vielleicht motivieren, indem du dich gemeinsam mit ihnen bewegst, und sei es erst einmal nur über Spaziergänge, vielleicht auch unter dem Vorwand, dass du reden willst. Die anderen sollte man machen lassen, solange die Gesundheit keinen Schaden nimmt. Andernfalls ist es hilfreich, einen Arzt zurate zu ziehen, beispielsweise bei exzessivem Bodybuilding oder Ausdauertraining im Wachstum.

Meist ist jede sportliche Betätigung aber einfach positiv:

- Sie bietet Ausgleich zu allen intellektuellen Anforderungen.
- Man kann eventuell kräftiger und fähig zur Selbstverteidigung werden.
- Manche finden einen tollen Teamsport für sich, bei dem sie gut eingebunden sind.
- Vielleicht findet man auch einen Individualsport zum Ausgleich von Wut und Aggressionen (wie zum Beispiel Laufen oder Mountainbiken), den man jederzeit, überall und allein ausüben und ins Erwachsenenleben mitnehmen kann.

Experimente ohne Dauer

Vom Teenager veränderte Äußerlichkeiten sollten Eltern nicht zu hoch hängen, solange sie „reparabel" sind: Schmuck, bunte Haarfarben, ungewohnte Haarschnitte, experimentelles Kleiden – sie möchten sich finden und zeigen. Das ist normal und verändert sich sicher noch mehrfach.

Anders sieht es bei dauerhaften Tattoos aus oder bei Kleidung, die für uns aus bestimmten Sorgen heraus ein No-Go ist. In beiden Fällen musst du klar Stellung beziehen, über Grenzen und auch Gefahren sprechen und dich gut erklären:

- über gesundheitsschädliche Infektionen nach Tätowierungen und über Farbpigmente und Hilfsstoffe, die Krebs auslösen können,
- darüber, dass aufreizende Kleidung selbstverständlich niemandem die Erlaubnis zu ungewollten Handlungen gibt, doch dass dies leider immer noch zu oft der Fall ist,
- über Entzündungen und nachhaltige Verletzungen bei Piercings (zum Beispiel an Nervenbahnen oder Muskelgewebe).

Gerade bei Tätowierungen oder gewebeverändernden Piercings kannst du mit deinem Teenager Vereinbarungen schließen, bis zum 18. Geburtstag zu warten – in der Hoffnung auf mehr Ruhe im Teeniekopf bis dahin und die Fähigkeit zu einer gut durchdachten Entscheidung, die möglicherweise eher dazu führen wird, dass er seinen Plan doch nicht in die Tat umsetzt.

Was sagen andere Eltern?

Yvonne (42), Mutter einer Tochter (12), über Piercings:

Unsere Tochter wünschte sich ein Piercing oben am Ohr. Ich hatte darüber gelesen, dass sich dadurch das Knorpelgewebe verändern kann und Entzündungen langwierige Folgen haben können. Sie wollte davon nichts wissen. Meine Hausärztin konnte ihr das aber schließlich doch noch vermitteln. Wir fanden den Kompromiss, dass ich ihr eine silberne Schmuckklammer schenkte, die man oben um das Ohr steckt. Das sieht richtig hübsch aus.

Hygiene lernen

Körperpflege bietet wenig Kompromisse. Hier können Eltern auf Erkrankungen und unangenehme Blicke durch andere, die von Schweißgeruch und mehr wirklich belästigt werden, hinweisen. Wenn möglich, sollte man hier frühzeitig feste Rituale finden wie:

- tägliches Duschen (die genaue Tageszeit ist frei wählbar),
- Duschen nach jeder sportlichen Aktivität,
- (täglicher) Kleiderwechsel,
- Schmutzwäsche in dafür vorgesehene Behälter räumen (das Aufstellen zwar im Flur, aber nah an der Jugendzimmertür ist oft eine simple Hilfe),
- vielleicht feste Tage für das Selbstschneiden der Fingernägel vereinbaren (zum Beispiel alle Familienangehörigen, jeden Sonntag!).

Wenn du merkst, dass hormonell bedingt die Hygienegewohnheiten verändert werden müssen, bietet sich zum Beispiel auch ein gemeinsames Shopping im Drogeriemarkt an. Welche Produkte helfen zum Beispiel beim Rasieren, gegen starkes Schwitzen, unterwegs auf der Toilette, während der Periode? Offenheit und Normalität statt Tabuisierung sind das Wichtigste.

Aber auch Intimsphäre ist ein wichtiges Thema. Geschlossene Badezimmer- oder auch Kinderzimmertüren bedeuten in der Regel keine fürchterlichen Geheimnisse, die einem Angst machen müssen, sondern gehören ganz natürlich zum Selbstfindungsprozess dazu und sind zu respektieren. Wenn dir hierbei etwas sehr merkwürdig vorkommt, kannst du wieder offen ins Gespräch gehen.

Typische Teeniesorgen wie **Hautprobleme/Akne** sollten immer rasch mit einem Facharzt besprochen werden, bevor sie zu dramatisch werden.

Mein Körper gehört mir!

In Bezug auf den Körper selbst und **Berührungen durch Fremde** oder Verwandte sowie erste Intimitäten sind zwei Dinge besonders wichtig:

- Nein sagen zu dürfen
- tabufrei aufzuklären (siehe auch „Liebe und Intimität")

Insgesamt ist es gut, die Jugendlichen mit Ärzten oder Beratungsstellen wie pro familia oder der Caritas bekannt zu machen, denen sie vertrauen können. In der Pubertät kann der Kinderarzt Ansprechpartner bleiben, und es empfiehlt sich, die Kinder zu den Jugend-Vorsorgeuntersuchungen anzumelden. Aber sie können auch langsam zu einem Hausarzt oder als Mädchen zur Gynäkologin und anderen Fachärzten wechseln.

Förderlich für die Teenies ist es, derlei Termine allein wahrzunehmen und hier Verantwortung für sich übertragen zu bekommen. Möchten sie dich jedoch lieber dabeihaben, gehst du selbstverständlich mit!

Besteht ein Grund zur Sorge, kann man als Eltern einen separaten Termin vorab vereinbaren und die Angst ansprechen – das Ess- oder Schlafverhalten, die Lautstärke der Kopfhörer, Fragen zur Sexualität oder vieles mehr. Die meisten Ärzte sind hier sehr umsichtig und dankbar für unterstützende Informationen.

Schlaf: Was mache ich, wenn mein Teenager kaum noch zur Ruhe findet?

Viele Eltern sind besorgt, dass ihre Kinder zu wenig schlafen. **Ihr Körper benötigt eigentlich viel Schlaf** (8 bis 10 Stunden gelten als Regelwert, allerdings reichen manchen eben auch 4 (!) Stunden, während andere 12 brauchen), um alle Entwicklungen gesund mitmachen zu können. Doch ein veränderter Biorhythmus und das Interesse an anderen Dingen sind so stark, dass sie oft erst spät ins Bett finden und morgens nur schwer herauskommen. Am Wochenende tauchen sie dann manchmal erst mittags auf (was wir uns in den Kleinkindjahren mal gewünscht hätten!), an Schultagen ist das Weckerklingeln brutal. Ein wenig beruhigend ist es vielleicht zu wissen, dass dieses Schicksal fast alle Jugendlichen teilen und dass diese Phase vorübergeht.

Was kannst du tun?

Auswirkungen auf die Konzentrationsfähigkeit sind geradezu normal. Beeinträchtigt dies dein Kind und eventuell auch euer Zusammenleben aber zu sehr, solltest du mit ihm darüber reden, dass dir sein Wohlbefinden und vielleicht auch seine schulischen Leistungen

Sorgen bereiten oder du mögliche, durch Schlafmangel auftretende, Aggressionen nicht länger aushalten willst.

Vielleicht lassen sich gemeinsam Gewohnheiten verändern und neue Routinen finden (eventuell als Kompromiss zumindest für verstärkte Prüfungszeiten) – das ist viel sinnvoller als irgendein Druck.

Darüber könntet ihr reden:

- Ist ein kleiner Mittagsschlaf drin vor anderen Aktivitäten?
- Ist vielleicht zwei-, dreimal pro Woche ein früher Feierabend einrichtbar?
- Kann am Wochenende nur ein Abend intensiv ausgedehnt werden?
- Fernseher, Handy und Bücher sollten nach etwa 22 Uhr deutlich abseits vom Bett platziert sein – lassen sich neue, feste Ablageorte finden („aus den Augen, aus dem Sinn")?
- Musik, Hörbücher oder Podcasts sollten zu ähnlicher Uhrzeit leiser gestellt werden.
- Kann ein beruhigender Tee in einem gemeinsamen Ritual am Abend alle besser „runterfahren"?
- Kann ein Büchlein am Bett parat liegen, um Gedanken zu notieren und zu sortieren als letztes Tun vor dem Einschlafen?

Es ist an dir, genau zuzuhören, was so viel wichtiger als das Schlafen erscheint, und kreative Lösungen zu finden, wie alles unter einen Hut zu bekommen ist, oder auch was vielleicht an Terminen wegfallen könnte, um Tage zu entzerren.

Was sagen andere Eltern?

Dirk (41), Vater eines Sohnes (14), über Schlafenszeiten und Verantwortungsabgabe:

Er ging irgendwann immer später ins Bett, erst um neun, dann erst um zehn ... Und ich hatte die Wahl, einen ewigen Kleinkrieg anzufangen oder einen anderen Weg zu finden. Also ließ ich ihn so lange machen, bis er von allein ins Bett ging. Und schmiss ihn am Morgen raus, damit er pünktlich in der Schule war. Und am Abend war er nicht müde. Also noch mal ... Nach drei Tagen erklärte er mir – quasi von allein –, dass er gleich nach dem Abendbrot ins Bett wolle, er sei müde. Und danach ging's eine ganze Weile, bestimmt ein, zwei Jahre, ohne weitere Diskussionen über Schlafenszeiten.

Liebe & Intimität: Wie bereite ich meinen Teenie auf die erste Liebe vor?

Aus dem vermehrten Suchen nach Beziehungen außerhalb der Familie entstehen zunächst Freundschaften, aber dann meistens auch erste Liebesbeziehungen. Romantische Liebe muss geübt werden. Sowohl das körperliche Annähern als auch das In-Beziehung-Bleiben mit diesem neuen Menschen (trotz starker, neuartiger Gefühle) sind Herausforderungen.

Die Teenies sind neugierig, stürzen sich hinein, wollen unbedingt geliebt werden, verlieren sich auch mal, flüchten sich regelrecht vor der Wirklichkeit in ihre Beziehung oder fallen tief. Immer müssen sie das neu Erlebte verarbeiten und bewerten, um weiterzukommen und persönlich zu reifen.

Sexuelle Erfahrungen mit anderen passieren meist nicht in immer jüngerem Alter, wie Eltern oft besorgt glauben. Nur die ersten Begegnungen mit pornographischen Inhalten erfolgen oft recht früh. Doch die dortigen Inhalte beeinflussen das Verhalten der Kinder in der Regel viel weniger als die exemplarischen Beziehungen rund um sie herum im echten Leben.

Was kannst du tun?

Mehr oder weniger geplante, lockere oder tief greifendere Aufklärungsgespräche sollten rechtzeitig erfolgen, damit Menstruation,

Verhütung, sexuelle Anziehung, Liebeskummer, unsere Reaktionen auf sexualisierte Werbung oder bestimmte Kleidung sowie ärztliche Untersuchungen nicht überraschend und übergriffig in das Leben der Teenies kommen.

Je aufgeklärter die Jugendlichen sind und je tabufreier und unverkrampfter unsere Gespräche verliefen, desto weniger Gefahr besteht, dass sie in diesem Bereich ausgenutzt werden, schlechte Erfahrungen machen oder zu intensiv vorangehen, anstatt abzuwarten.

Eine gute Entwicklung positiv unterstützen kann hier:

- der gute, vorbildhafte und auch vorsichtige Umgang mit intimen Partnern (zum Beispiel auch wenn wir Eltern selbst in wechselnden Beziehungen sind).
- Offenheit gepaart mit sympathischem Humor in den Gesprächen (ruhig schon altersgerecht ab dem Vorschulalter!).
- möglichst nicht ungefragt breitgefächert aufklären, sondern auf entsprechende Situationen oder Fragen und Themenbereiche reagieren.
- das Vermeiden von anzüglichen und sexistischen Sprüchen im Alltag.
- das Anregen eines alleinigen Arztgespräches rund um Verhütungsmethoden und auch deren Risiken.
- das Kind in anderen Bereichen „erwachsen" sein lassen, ihm Verantwortung übergeben, damit es nicht im sexuellen Bereich über die Stränge schlagen muss, um sich groß zu fühlen (Ideen hierzu gibt es im Kapitel „Selbstfindung: Wie unterstütze ich mein Kind dabei, sich abzunabeln?").

Liebeskummer lohnt sich

Der Liebeskummer wird sicher kommen. Du kannst dieses Gefühl von deinem Kind schwer fernhalten und solltest es auch nicht! Hier ist es wichtig, es ernst zu nehmen und es gut zu begleiten, denn es macht einen Trauerprozess durch. Ein bisschen Ablenkung kann nett sein, doch das Thema sollte nicht unter den Tisch gekehrt werden.

Die Seele braucht die Trauerarbeit, und diese muss gelernt werden. Es ist wichtig, darüber zu reden. Und wenn du vielleicht nicht die passende Person dafür bist, solltest du das Gespräch mit jemand anderem ermöglichen:

- ein Wochenende bei der jungen Patentante,
- eine Übernachtung der drei besten Freundinnen zum nächstmöglichen Zeitpunkt,
- ein Termin bei dem netten Jugendseelsorger,
- ein Ausflug mit dem engsten Freund.

Auf dem Weg

Auch das Infragestellen und Annehmen der eigenen sexuellen Orientierung kann ein Thema werden. Dynamische Entwicklungen in verschiedene Richtungen sind nicht selten. Hier sollten Eltern nicht überreagieren, auch wenn man selbst verunsichert ist, sondern zugewandt im Gespräch bleiben, begleiten, gegebenenfalls Hilfe beim Klarwerden suchen (zum Beispiel bei pro familia) und unter Umständen auch Unterstützung bei einem Coming-out geben.

Was sagen andere Eltern?

Klara (40), Mutter zweier Söhne (10 und 12), über tabufreie Gespräche:

Ich bin alleinerziehend. Meine Söhne haben zwar Kontakt zum Vater, trotzdem bespricht mein zwölfjähriger Sohn seine allerintimsten Fragen (die mich manchmal durchaus überfordern) mit mir, weil der Papa nur „kichert". Dieses große Vertrauen ist meiner Meinung nach nur möglich, weil ich viel auf Augenhöhe mit ihm agiere, ihn wertschätzend und respektvoll behandle, trotz aller Konsequenz und Geradlinigkeit. Das würde mit Machtgefälle nicht funktionieren, glaube ich …

Ganz konkrete Situation letzte Woche: Er hat mich gefragt, wie lang ein „normaler“ Penis sein müsste und ob man etwas dagegen machen könnte, wenn der ein bisschen gebogen ist. Ich hätte ihn einfach abkanzeln, mich lustig machen können. Stattdessen habe ich gesagt, dass ich ehrlich nicht weiß, ob es so etwas wie „Normmaße“ gibt, dass ich nur aus Erfahrung sprechen könne, wir uns aber gemeinsam schlaumachen könnten. Ich hab ihn eben nicht von oben herab behandelt, sondern gesagt, dass ich mich immer wieder über sein Vertrauen freue und so gut ich nur kann an seiner Seite sein werde. Wir haben dann übrigens tatsächlich bei der Jugenduntersuchung den Kinderarzt noch gefragt.

Unsicherheiten & Aggressionen: Wie helfe ich bei emotionaler Überforderung?

Starke Schwankungen in der Selbstsicherheit sind bei Pubertierenden aufgrund all der Entwicklungen, die sie und ihr Körper zu bewältigen haben, ganz normal und sollten Eltern nicht ängstigen. Die Hormone bringen sie durcheinander, das vermehrte Nachdenken macht nervös, die genauere Wahrnehmung treibt immer neue Eindrücke in ihren Kopf, und die Gefühlswelt wird angereichert durch ganz neue, teilweise extreme Emotionen. All das sollen sie als Erwachsene besser im Griff haben – dafür müssen sie durchlebt, verarbeitet, gut organisiert werden. Nicht selten zeigt sich das alles in einer Art Überforderung und macht Teenagern leicht depressive Gefühle, verursacht Scham, bildet Aggressionen oder auch Unzufriedenheit (vor allem mit dem Körperbild oder der Wahrnehmung durchs andere Geschlecht) aus. Kommen dann noch andere Krisen wie ein Umzug oder die Scheidung der Eltern hinzu, kann es zu einer umfassenden Überlastung kommen, die externe Hilfe benötigt.

Was kannst du tun?

Deine Aufgabe ist es hier, nah am Kind zu bleiben, immer wieder das Gespräch zu suchen und Verständnis zu zeigen – oder Gespräche mit anderen zu vermitteln, die sich besser eignen. Nicht vergessen darfst du, dass dein Kind sich, seine Emotionen sowie seinen Gesichtsausdruck oder Tonfall nicht beständig gut kontrollieren kann. Seine Kompetenzen wachsen stetig, da hilft nur, verständnisvoll zu bleiben.

Im Gespräch solltest du ...

- Optimismus ausstrahlen und anregen, sich etwas zu suchen, das die Stimmung wieder aufhellen kann, zum Beispiel aktiv zu sein.
- keine Tabus bei den Themen haben.
- geduldig bleiben und nachfragen (*„Ich habe den Eindruck, dass ...“* oder *„Ich hab dich lieb, aber mich stört ...“*).
- herausfinden, was deinen Teenie eventuell ängstigt, um intensiver darüber sprechen zu können.
- Gefühle (eigene und die des anderen!) offen benennen.
- Gemotze nicht persönlich nehmen und aggressives Agieren, das sich nicht langfristig festsetzt, nicht überbewerten.
- übermäßiges Cool-Tun nicht verlachen.
- Stimmungsschwankungen nicht überbewerten, aber doch genau hinschauen (*„Geht es dir gut?“*).
- wenn du dich überfordert fühlst, eine externe Beratung vorschlagen.
- eventuell Freunde mit ins Boot holen (*„Sollen wir X. am Freitagabend einladen und mal was zusammen unternehmen?“*).
- immer signalisieren, dass du als Ansprechpartner da bist, auch wenn dein Kind dich gerade vielleicht nicht als einen solchen möchte (*„Du kannst jederzeit kommen!“*).
- eventuell (falls noch nicht vorhanden) das Schreiben eines Tagebuchs vorschlagen, denn das funktioniert oft wie eine Art Schreibtherapie sortierend und beruhigend.

Gemeinsam aktiv werden

Unsicherheiten kannst du manchmal auch tatkräftig annehmen und ...

- ein intensives gemeinsames Wochenende planen.
- den (jüngeren) Teenie mal wieder mit im Elternbett schlafen lassen oder alternativ zusammen zelten oder gemeinsam woanders übernachten.
- grundlegend helfen, den Selbstwert des Jugendlichen zu steigern durch gezieltes Unterstützen beim Entdecken und Fördern seiner Talente.
- dabei unterstützen, dass Hobbys wieder intensiver angegangen werden und Vereine oder Ähnliches soziale Stützen sein können.
- Probleme gemeinsam benennen und zusammen Lösungsstrategien überlegen.
- ihr könnt euch gegenseitig schreiben, wie es einem geht und was den Kopf beschäftigt (denn das fällt manchmal leichter als Reden).

Was sagen andere Eltern?

Helen (36), Mutter eines Sohnes (12) über den Umgang mit Unsicherheiten: Gestern Abend ist Folgendes passiert: „Darf ich heute mit euch im Bett schlafen?“ Ich dachte, wenn er das äußert, braucht er unsere Nähe und deswegen war es selbstverständlich, „Ja“ zu sagen. Ich kenne Paare, bei denen das Kind ab einem bestimmten Alter nicht ins Bett darf. Das ist bei uns anders.

Tonfall & Gefühle: Wie halte ich die schlechte Laune meines Teenies aus?

Dass Teenager ihren Tonfall oft nicht im Griff haben und in Gesprächen oder alltäglichen Situationen schnell überreagieren, beruht darauf, dass sie ihre Unsicherheiten und hochkommenden Gefühle noch immer nicht kontinuierlich bremsen können. Zwar hat hier im

Vergleich zu einem tobenden Fünfjährigen schon viel geistige Reifung stattgefunden, die es ermöglicht, beispielsweise Wut zu unterdrücken und sich passender zu äußern. Aber der Entwicklungsprozess ist immer noch im Gange, und je nach Situation platzen sie einfach los.

Vor allem wenn vielleicht Zuhörer dabeistehen, vor denen sie sich nicht blamieren wollen, wenn sie übermüdet sind oder der Schultag furchtbar anstrengend war – da geht es ihnen nicht anders als uns: die Zündschnur wird kürzer.

Was kannst du tun?

Wenn du deinen Heranwachsenden dann schroff von dir weist und seine Zickigkeit als Ablehnung siehst, nimmst du dir die Chance auf ein Gespräch. Vielleicht leidet dein Kind tatsächlich selbst unter seiner Impulsivität (die sich durch den pubertätsbedingten Umbau im Gehirn erklären lässt)! Am besten ist es, sachlich bis mitfühlend zu bleiben, aber in klaren Ich-Botschaften ein anderes Gesprächsklima einzufordern oder aber den Dialog auf später zu verschieben, um eine bessere Ausgangssituation zu schaffen:

- „Ich möchte nicht, dass du so mit mir sprichst. Ich denke, du möchtest auch nicht so angeblafft werden. So finden wir keine Lösung."
- „Ich vermute, du bist zu k.o., um das jetzt sachlich zu besprechen. Ich möchte wieder mit dir zusammenkommen, wenn du ausgeruhter bist."
- „Lass uns das gleich auf der Autofahrt unter vier Augen klären, ja?! Ohne die anderen. Ich möchte dir meine Sicht in Ruhe erklären und dich dann gerne anhören."

Um auch in diesem Bereich möglichst gut vorzubeugen, ist wieder ein langjähriger Umgang mit dem Fokus auf Beziehung zueinander hilfreich. Können Kinder und Jugendliche sich darauf verlassen, dass innerhalb der Familie verständnisvoll und helfend mit egal welcher ihrer Emotionen umgegangen wird und haben sie von ihren Eltern möglichst viel darüber lernen dürfen, wie heftige Gefühle gut gesteuert werden können, so werden sie über die Jahre weniger selten in Extreme verfallen. Sie können sich besser einfühlen sowie an gegebene Situationen anpassen und zeigen sich nicht nur zu Hause, sondern auch in Freundeskreis und Schule kooperativer (was sich positiv auf die Schulleistungen auswirken kann).

Was sagen andere Eltern?

Steffi (46), Mutter einer Tochter (13), über den Tonfall ihres Kindes:

Sie hat zurzeit häufige Stimmungsschwankungen und wird mir gegenüber ausfällig. Ich versuche dann, ihr ruhig, aber bestimmt zu sagen, dass ich nicht möchte, dass sie so mit mir spricht, und lasse sie ansonsten erst einmal in Ruhe. Wenn sie sich etwas beruhigt hat, gehe ich zu ihr und nehme sie in den Arm. Meist mit Worten wie: „Doofe Pubertät!"

Bei befreundeten Familien, in denen die Eltern ihre Autorität willkürlich gegenüber den Kindern ausleben, sehe ich oft, dass ein Machtkampf daraus gemacht wird: Geh in dein Zimmer, Hausarrest, du musst dich bei mir entschuldigen etc.

Werte & Moral: Wie vermittle ich meinem Teenager wichtige Grundlagen?

Alle Eltern wünschen sich Kinder, die moralisch und politisch gebildet und reflektierend in die Welt gehen sowie soziale Verantwortung für ihre Mitmenschen übernehmen wollen. Natürlich wird der Weg dahin quasi ab Geburt geebnet. Aber in der Pubertät bilden sich die wichtigsten Grundpfeiler so richtig aus, wenn die Kinder die Welt immer selbstständiger betrachten und reflektieren können – und dabei hoffentlich nicht in unliebsame Richtungen laufen.

Was kannst du tun?

Auch hier ist es wieder das Wichtigste, ein gutes Vorbild zu sein. Kaufe ich ständig Kleidung aus fragwürdigen Quellen, konsumiere billigste Lebensmittel, brauche dauernd neue Produkte, um mich gut zu fühlen, schwinge Stammtischparolen und lasse abwertende Kommentare über andere fallen, wird mein Kind sich viel davon abgucken. Du kannst ihm stattdessen ein Vorbild sein für kritisches Auseinandersetzen mit Parteien, Religionsgemeinschaften oder anderen Aktivisten.

> Unser Verhalten ist sein Leitfaden, an dem der Teenie sich entlanghangeln kann, während er aber auch eigene Meinungen ausbildet.

Und wenn dein Kind sich andere Vorbilder sucht (YouTuber, Sportler, Musiker usw.), kannst du dich bemühen, diese Personen „kennenzulernen" sowie es dabei unterstützen, ein möglichst realistisches Gesamtbild des „Idols" zu bekommen. Das heißt, neben dem Vorbildsein solltest du deinen Teenager dazu anregen, sich mit dir auszutauschen, ihn ermutigen, andere und auch dich zu kritisieren – in wertschätzenden Gesprächen. „Ich sehe das anders!" darfst du und darf er sagen, und dann geht es ans Argumentieren, Zuhören, das Verstehen wollen. In solch einer aktiven Auseinandersetzung können echte Werte entstehen. Die Jugendlichen können lernen, Zusammenhänge zu erkennen und auch Verantwortung zu übernehmen. Der Dialog sowie gemachte, aber besprochene Fehler zeigen dir und deinem Kind noch einmal klarer, was ihr wollt – und was ihr nicht wollt!

Es bietet sich an, mit ihm zusammen im Alltag aktiv zu werden:
- gemeinsam in den Nachrichten informieren,
- im Netz recherchieren,
- Ideen finden und in den Alltag umsetzen – auch wenn sie uns einschränken (Stichwort „Klimapolitik"),

- ausgewählte Lektüre (Bücher, Onlinetexte) nicht lächerlich machen, sondern als Bereicherung auffassen und mit ins Lesen einsteigen,
- Zukunftsängste ernst nehmen und gemeinsam bearbeiten sowie zeigen, dass es keine simplen Antworten gibt,
- gemeinsam an demokratischen Aktionen und Demonstrationen teilnehmen,
- städtische oder kirchliche Beratungsangebote nutzen,
- immer wieder mal gesellschaftlich engagieren.

Das kann für beide Seiten sehr fruchtbar sein!

Es ist toll, dass Kinder in der Pubertät endlich geistig in der Lage sind, derlei Themen in der Gesamtsicht zu betrachten – nicht nur bezogen auf sich oder auf ihre konkrete Situation. Hier musst du am Ball bleiben und dies weiter fördern.

Echte Gefahren

Hast du allerdings den Eindruck, ihr Blick auf Politik, Religion, demokratische Werte, soziales Miteinander u. Ä. ist ein eher ungesunder, egoistischer oder vereinfachter, vielleicht von einer extremen Partei oder gar einer Sekte beeinflusster, so solltest du spätestens jetzt aktiv werden:

- nicht mit Vorwürfen, nicht mit Schuldfragen, sondern mit Interesse (re-)agieren;
- in Kontakt bleiben und dich informieren, wertschätzend Fragen stellen, vorsichtig nachhorchen, natürlich auch dagegenhalten und für unsere Überzeugungen eintreten;
- bei Überforderung frühzeitig Unterstützung bei Beratungsstellen holen.

Was sagen andere Eltern?

Nathalie (42), Mutter zweier Söhne (5 und 19) und zweier Töchter (8 und 17), über moralische Bedenken bei Musiktexten:

Bei uns ging es vor allem um sexistische Sprüche. Um Texte, in denen Frauen ganz schlimm herabgesetzt werden, wo Wörter wie „Bitch“ und „Fotze“ häufig vorkommen. Ich denke, es ist ganz wichtig, solche Texte zu thematisieren, da man sonst impliziert, sie ebenfalls als normal zu akzeptieren. Das hilft dann auch, die Dinge zu trennen und ein Bewusstsein zu entwickeln für den Inhalt. Ich finde es wichtig, dass sich die Kinder mit den Dingen, die sie umgeben, auseinandersetzen. Dies ist meiner Meinung nach Bedingung, um bewusste Entscheidungen treffen zu können. Also auch die Entscheidung: Ich höre jetzt diese Musik, obwohl ...

Es war mir aber auch wichtig, nicht einfach zu sagen, „Diese Musik ist scheiße“, sondern herauszufinden: Was gefällt dir daran (und dann zum Beispiel ähnliche Musik finden, mit anderen Texten), mich stört das und das, wie siehst du das ...? Und ich fand es auch wichtig, Zusammenhänge aufzuzeigen. Also, dass Jungs an der Schule dieselben Wörter benutzen und dass dies eine gewisse Normalität hat, die nicht angebracht ist, die aber unter anderem auch von der Musik kommt.

Lange Rede, kurzer Sinn: Ich glaube nicht, dass Kinder oder Jugendliche in der Lage sind, sich mit solchen Textinhalten vertieft und ohne Hilfe auseinanderzusetzen. Viele sind es teilweise, aber auch bei ihnen hilft es, wenn sie entsprechend Resonanz haben. Die Reaktionen waren immer wieder verschieden. Die Auseinandersetzung wird ja immer wieder aufgenommen. Es kommt so etwas wie: „Boah, du schon wieder!“, „Kommst du mir wieder mit Feminismus?“, „Du bist einfach spießig.“ ... Aber das gehört in dem Alter dazu. Mein Ziel ist in erster Linie die Auseinandersetzung mit dem Thema und nicht, dass sie mir recht geben müssen.

Über lange Zeit schien es mir, als würde meine Meinung überhaupt nicht zum Tragen kommen. Eines Tages erzählte mir jedoch meine Tochter von einem Streit über einen Musiker, den sie mit Schulkameraden hatte. Dabei stellte ich fest, dass sie in diesem Streit ganz viele von meinen Überlegungen miteinbezogen hat, z. T. wortwörtlich meine Argumente eingebracht.

Natürlich sage ich dann nicht: „Aha, du gibst mir also recht." Heute hören sie kaum noch solche Musik und ich meine festzustellen, dass sie sehr sensibilisiert auf die Thematik sind.

Berufsfindung: Wie helfe ich meinem Teenager dabei, sich zu orientieren?

Viele Jugendliche müssen schon während der Pubertät überlegen, wohin sie ihr beruflicher Weg führen soll. Das ist eine wirklich schwierige Entscheidung, denn sie wird ja unter Umständen ihr Leben für die nächsten 50 Jahre bestimmen. Und da sollte es möglichst etwas sein, das ihnen Freude macht und das Gefühl gibt, dass sie (gesellschaftlich) gebraucht werden. Das muss man erst einmal in Ruhe finden.

Was kannst du tun?

Du solltest dein Kind so lange wie möglich dazu zu ermutigen, sich möglichst gutes Wissen und eine breit gefächerte Bildung anzueignen, damit es mit einer guten Basis ins eigene Erwerbsleben startet.

Außerdem kannst du helfen, indem du mit deinem Teenie seine Stärken auslotest und ihm möglichst viele Wege aufzeigst: Bildungsberatung, Praktika, Schnuppertage bei deinem eigenen Job oder bei Bekannten, Berufsberatung. Damit kann er sich ein möglichst gutes Bild machen, planen, Ziele setzen. Wichtiger als ein beeindruckendes Zeugnis ist für einen späteren möglichen Arbeitgeber oft die gezeigte Motivation!

Bei diesem Thema sollten Eltern den nun ja schon älteren Teenagern allerdings nur leicht unterstützend unter die Arme greifen, vor allem in sortierenden Gesprächen.

Die Teenies können selbst:

- Adressen recherchieren
- Termine mit offiziellen Stellen vereinbaren
- Broschüren anfordern
- Unternehmen kontaktieren
- Bewerbungen schreiben und versenden

Wichtig ist, dass du helfend zur Seite stehst, aber kein Besserwisser oder Allesabnehmer bist. Und auch, dass du darum weißt, dass viele Jugendliche – gerade wenn sie noch sehr jung sind – den erst einmal eingeschlagenen Weg doch noch mal wechseln. Das ist nicht ungewöhnlich und kann sogar sinnvoll sein. Hauptsache, sie suchen und engagieren sich, sie gehen selbstbewusst voran.

Dein wichtigster Begleiter bei der Entscheidungsfindung in solchen Momenten sollte stets der Gedanke sein, dass es um das Glück deines Kindes geht, nicht um dein eigenes. Diskutiere mit ihm, aber bevormunde es nicht.

Verschiedene Wege denken

Ein freiwilliges ökologisches oder soziales Jahr, aber auch eine „Work & Travel"-Auszeit könnten Wege sein, sinnvoll etwas Zeit verstreichen zu lassen, um persönlich noch gefestigter und voll mit neuen Impulsen einen Beruf wählen zu können. Dies oder eben auch Praktika können das Selbstwertgefühl stärken, ein Gefühl für die eigenen Entwicklungsmöglichkeiten geben, wichtige Kontakte entstehen lassen. Manchmal führen Umwege zum Glück.

Bei Zweifeln im Teenie kannst du ...

- ihm sagen, dass du dir gut vorstellen kannst, dass er das schaffen kann, was er sich einmal vorgenommen hat.
- mit ihm gemeinsam achtsam hinschauen, was genau schwierig ist, was gerade schöner wäre.

- mit ihm zusammen formulieren, welche Gefühle er hat, welche Probleme es gibt (hilfreich ist oft das Visualisieren durch Schreiben, Malen, Mindmaps, Kalender zum Abstreichen).
- ihn überlegen lassen, wie ein Lösungsweg aussehen könnte und gegebenenfalls dabei helfen.
- gemeinsam mit ihm kleine Ziele setzen, Schritt-für-Schritt-Lösungen finden, die „unterwegs" auch wieder geändert oder eben abgebrochen werden können.
- ihm vermitteln, dass auch du unangenehme Situationen und Menschen kennst, und erzählen, wie du damit umgehst.
- Empathie schulen, gemeinsam mit ihm überlegen, wie die anderen Beteiligten sich fühlen (zum Beispiel Kollegen oder Arbeitgeber – ohne ein schlechtes Gewissen zu machen, allein um einen gut bedachten Weg finden zu können).
- selbst Beharrlichkeit vorleben und nicht vergessen, wie wichtig du als Vorbild bist.
- vertrauen, dass dein Kind durch deinen Glauben an seine Stärke und deine Hilfe im Bereich der Achtsamkeit die richtige Entscheidung treffen wird.

Wenn du ein gutes Vorbild dafür bist, dass das Arbeiten selbstverständlich zum Leben dazugehört, dir mal lästig ist, aber du dennoch tätig bleibst, dich gegebenenfalls fortbildest oder auch mal umorientierst, nehmen Teenies davon in der Regel viel mit.

Vermittelt werden sollte die soziale Eingebundenheit in die Welt auch durch die berufliche Tätigkeit: „Jeder kann etwas und jeder wird gebraucht, auch du!" sollte die Blickrichtung sein anstatt eines druckmachenden „Du musst endlich mal irgendetwas machen!"

Jeder hat Talente, und die gilt es zu entdecken, wenn nötig mit der fachkundigen Hilfe einer Berufsberatung.

Was sagen andere Eltern?
Britta (44), Mutter einer Tochter (16), über den beruflichen Weg ihres Kindes: Erst vor ein paar Tagen schwankte ich erstmals, weil meine Tochter überlegte, bei der Bundeswehr Medizin zu studieren. Ich hätte unterschreiben müssen, da sie noch nicht volljährig ist. Da dachte ich daran, meine „Macht" einzusetzen und ihr das zu verbieten. Glücklicherweise habe ich es nicht getan, sondern sie ist selbst darauf gekommen, es nicht zu tun. Mir ist es immer wichtig, dass die Kinder verstehen, weshalb sie etwas tun sollten und am besten noch aus eigenem Antrieb heraus richtig handeln.
Zu ihrer Entscheidung gekommen ist sie wie folgt: Sie hatte ein Gespräch mit Angehörigen der Bundeswehr und stellte selbst fest, dass sie nicht so flexibel ist, wie sie sein müsste.

Selbstfindung: Wie unterstütze ich mein Kind dabei, sich abzunabeln?

Die Teenies entwickeln sich, so oder so, weg von ihren Eltern. Erst einmal ein gutes Stück – und das sollen sie auch. Sie sollen emotional nicht ungesund eng an ihre Eltern gebunden bleiben, sondern selbstständig werden. Sie sollen sich ohne unsere Hilfe im Umgang mit anderen gut unter Kontrolle haben können. Sie sollen lernen, andere Menschen und besondere Umstände erfassen und bewerten zu können, ohne davon allzu viel zu dicht an sich heranzulassen. Alles ohne ihre Eltern im Rücken.

Sie sollen Gefühle und Tatsachen unterscheiden, Konsequenzen begreifen und abschätzen sowie selbst Verantwortung für ihr Handeln übernehmen und keinen anderen Schuldigen suchen – ohne dich. Sie sollen ein positives Selbstbild entwickeln – ganz für sich. Puh, das muss alles gelernt werden?

Was kannst du tun?

Du musst dafür vor allem loslassen. Das gilt für kleine und für große Dinge.

Zum Beispiel:

- geschlossene Zimmertüren akzeptieren,
- bei der Zimmer(um-)gestaltung mitentscheiden lassen,
- Wege mit dem Rad, dem Bus, dem Zug allein machen lassen,
- große Anschaffungen allein machen lassen,
- den Mopedführerschein erlauben,
- erlauben, allein verreisen zu dürfen,
- Vereinszugehörigkeiten allein entscheiden lassen,
- Freunde allein wählen lassen,
- politische Wege ausprobieren lassen,
- gegebenenfalls Geschlechterrollen austesten lassen,
- Liebesbeziehungen willkommen heißen,
- Gefahrenmittel und -situationen gut informiert selbst bewerten lassen,
- Gefühle annehmen und nichts hineininterpretieren,
- Ausgehzeiten mitbestimmen lassen,
- Schulorganisation selbst übernehmen lassen,
- die Ausbildungs- bzw. Berufsfindung anstoßen.

Der Teenie wird unabhängig

Ein Teenager wird sich mutig und angenommen fühlen, er wird an schlechten Erfahrungen wachsen. Er wird beginnen, Rechte und Pflichten zu verstehen und zu akzeptieren. Er wird mutiger werden und besser einordnen, wer er ist und sein will. Das kann auf dem Weg auch gerne mal noch wechseln.

Widersprüche sind okay: bei Oma der Liebe, bei den Kumpels der Angeber, in der Schule der Sportliche, bei der Freundin der Musische, heute intellektuell, morgen albern, übermorgen rebellierend und danach wieder brav. Ausprobieren muss sein und muss dich nicht ängstigen. Auf diesem Weg erarbeitet sich ein Mensch seine erwachsene Identität.

Du musst nur drauf schauen, hier und da mal an Realismus erinnern, das Wurzelwerk bleiben und dein Kind offen annehmen. Dann wird es sich in Ruhe finden können.

Zur Ablösung von dir gehört auch, dass es dein Leben, deine Entscheidungen, deine Erwartungen infrage stellen darf: Das ist eine Chance für beide Seiten.

Besonders kritische Lebensereignisse wie zum Beispiel die Scheidung der Eltern, ein großer Umzug und/oder ein Schulwechsel können die Stabilisierung des Selbstbildes und der Selbstsicherheit natürlich ausbremsen. In solchen Phasen müssen Eltern besonders aufmerksam sein, auch wenn sie mit sich selbst mehr als genug zu tun haben.

Hilfe von außen zu holen ist immer ein guter Schritt und kein Eingeständnis für ein Scheitern. Krisen müssen von den Großen und auch von den Jüngeren aufgearbeitet werden, damit man sie hinter sich lassen kann. Eltern müssen hier beständig in Beziehung bleiben. Dann kann der Weg auch mit Stolpersteinen recht gradlinig weitergehen.

Was sagen andere Eltern?

Carina (36), Mutter einer Tochter (12), über Identitätsfindung:

Ich habe damals intuitiv mit der Beziehungsorientierung angefangen, als unsere Tochter klein war, ohne überhaupt zu wissen, dass es ein spezieller Stil ist. Ich habe mich einfach nach den Bedürfnissen meiner Tochter gerichtet. Schreien lassen war für mich nie ein Thema, es sei denn, es war purer Trotz. Mir war immer wichtig, dass wir eine gute Beziehung haben, weil ich das nicht hatte bzw. habe. Ich konnte mit Problemen nicht zu meiner Mutter, und ich wollte, dass meine Tochter das kann und es auch weiß. Darum war ich enorm stolz auf sie, als sie vor ein paar Monaten zu mir kam und meinte, sie fühle sich unnormal, weil sie nicht wie andere Mädchen in ihrem Alter Kleider trägt und dass sie sich im Vergleich dazu eher wie ein Junge fühlte.

Sie hatte eine echte Identitätskrise. Ich habe oft und lange mit ihr im Arm einfach nur auf der Couch gelegen und ihr zugehört. Warum sie so fühlt, was genau sie fühlt, was sie davon hält. Ich habe ihr auch gesagt, dass es völlig okay ist, als Mädchen lieber Jeans und weite Shirts zu tragen. Sie soll sich so kleiden, wie sie sich wohlfühlt. Und wenn der jungenhafte Stil ihr momentan lieber ist – okay. Es scheint ihr geholfen zu haben, denn es hat sich etwas gelegt.

Die körperlichen Veränderungen sind ihr immer noch nicht geheuer. Aber sie geht etwas lockerer damit um und ist wieder selbstbewusster. Sie hat ihren eigenen Stil gefunden. Burschikos-lässig. Ich glaube, wenn ich das so wie meine Mutter damals gehandhabt hätte („Stell dich nicht an, da mussten wir alle durch"), dann wäre es nicht so positiv verlaufen. Für mich ist das der beste Erziehungsstil, da wir beide ziemlich empathisch sind und es für mich eigentlich keine Alternative gibt.

NACHWORT

Der Wunsch nach einer guten, engen Beziehung ist ein guter Wunsch, denn wenn wir unsere Kinder so ins Leben begleiten, geben wir ihnen starke Wurzeln und gesunde Flügel mit, Urvertrauen und Selbstvertrauen.

Der Weg ist nicht immer einfach, aber auch gar nicht fürchterlich kompliziert. Die im Kapitel „Durch den Alltag der Pubertät" erläuterten Grundpfeiler für alle Alltagssituationen, die im Kapitel „Medien, Schule, Alkohol" näher erläutert wurden, lassen sich eigentlich herunterbrechen auf

- **Selbstvertrauen**: darauf, dass der Weg, den wir als Eltern gewählt haben, der richtige ist, auch wenn er hier und da steinig ist und man noch mal abbiegen, hinterfragen und neu ordnen muss. Man könnte auch sagen, es braucht Selbstsicherheit, vor allem gegen die vielen Zweifler, die kommen und den Weg mit Fokus auf Beziehung kritisieren werden, die von Tyrannen, Verwöhnen und „frühzeitig an Druck gewöhnen müssen" sprechen werden. Es braucht einen starken Rücken gegen diejenigen, die sagen werden: „Das hat uns doch auch nicht geschadet".
- **Herzvertrauen**: darauf, dass das eigene Herz einem sehr genau signalisiert, ob das, was man gerade als Familie macht, und die Art, wie man dem Kind oder Teenager begegnet, eine faire, wertschätzende, kindgerechte ist. Man könnte auch *Bauchgefühl* oder *Intuition* sagen. Das sind Fähigkeiten, die viele Menschen heute nicht mehr zulassen in Bezug auf die Kinder, weil sie nicht gut passen. Oft ist dafür rein zeitlich kein Platz, oft auch einfach rein ökonomisch nicht. Trotzdem dürfen wir diese wichtige Komponente nicht verschüttgehen lassen, denn sie ist ein absolut hilfreicher Kompass.

- **Kindvertrauen**: darauf, dass das Kind bzw. der Teenie sehr, sehr fähig ist, uns viele Dinge zu zeigen, die es kann oder nicht kann, die es braucht oder nicht braucht – wir müssen nur hinschauen und zuhören, mit ausreichend Zeit. Wir müssen unser Kind wirklich wahrnehmen, oft auch unseren ersten Eindruck in einer Sache hinterfragen. Hat das Kind wirklich ein Defizit – oder kreieren wir nur eins? Besteht nicht die Möglichkeit, eine Situation anders zu handeln, altersgerechter, individueller, ganz speziell auf diesen Teenager gerichtet, um sie gut zu lösen?

Was sagen andere Eltern?

Eli (37), Mutter zweier Söhne (11 und 13), über das Leben in enger Beziehung mit ihren Kindern:

Beziehungsorientierung trägt mich und uns (also mich und die Kinder – ich bin allein) durch unseren Alltag. Natürlich gebe ich (altersangemessen) Orientierung. Manchmal ist es auch ein „Machtwort", wenn der 13-Jährige die Xbox oder das Handy allzu intensiv nutzt und sich nicht selbst reguliert bekommt. Auch das halte ich für altersgemäß. Aber grundsätzlich baut unser Zusammenleben auf Selbstwirksamkeit, Eigenverantwortung und von innen kommender Motivation auf. Und ich bin überzeugt, das geht nur beziehungsorientiert.

Ich nehme meine zwei an. Wie sie sind. Bin immer da, lasse sie aber ihre Fehler machen und die Konsequenzen erfahren (Keinen Bock auf Vokabeln? Okay, lebe mit der Note. Oder: Keinen Bock auf Training? Okay, dann setzt der Trainer dich im nächsten Spiel nicht ein), fange auf, unterstütze und bespreche sehr transparent Ursache und Wirkung, ohne wertend zu sein. Zumindest bin ich sehr darum bemüht. Gleichzeitig vermittele ich mir sehr wichtige Werte durch Vorleben und Einfordern. Zuverlässigkeit, Achtsamkeit usw. Dinge, die universal wichtig sind, losgelöst vom Charakter. Wie sie sie ausfüllen, ist teils Erziehung, teils Charakter.

Da, wo Erziehung ansetzt, kommt es natürlich zu Konflikten. Kinder müssen sich reiben, um zu wachsen, und ich bin auch nur ein Mensch. Mal kann ich es liebevoll und mit Geduld, mal wird's lauter und unfreundlich. Aber nie lieblos, hierarchisch oder abwertend. Immer mehr in Richtung: Wenn du das und das machst, macht das dieses und jenes mit mir oder bedeutet es dieses und jenes für mich (zum Beispiel Geschirr einfach herumstehen lassen = ich muss im Dreck leben oder es wegräumen, ich hab aber auch viel um die Ohren. Oder: Wenn du mich anschwindelst, z. B. bezüglich Zockzeit, kommt bei mir an, dass ich mich doch noch nicht so auf dich verlassen kann. Dann musst du beim nächsten Mal eben doch mitkommen, weil ich dich nicht allein lassen mag).
Natürlich streiten wir uns. Oder die Geschwister untereinander. Und oft kostete dieses Aushandeln und das Das-Kind-vor-die-Wand-laufen-Lassen, weil es das unbedingt will, unendlich viel Kraft. Aber bisher kann ich nur sagen, dass ich zwei großartige, selbstständige, selbstsichere, moralisch sehr klare und deutlich dafür eintretende, kommunikationsfähige und empathische Kinder habe. Ich hoffe, dass es so bleibt und sie sich wirklich so weiterentwickeln: indem sie auf ihre Stärken und Kraft, aber auch immer und bedingungslos auf mich vertrauen können. Aber das werde ich erst Jahr für Jahr oder irgendwann mal sagen können. Mein Weg ist sicher kein Patentrezept. Und von außen mag es Kritiker oder Angriffe geben. Aber für uns ist es ein guter Weg. Das bekomme ich in Bezug auf die Kinder aus Schule, Verein, Freundeskreis usw. zurückgemeldet, und das sehe ich selbst jeden Tag. Und bin stolz!

Im Miteinander das Erwachsenwerden zu leben ist eben vor allem Beziehung, Einfühlen, Spüren, was gebraucht wird. Vom Kind oder Teenie und von den Großen. Empathie, sich einlassen auf was auch immer benötigt wird. Reagieren, sich informieren, ausprobieren, auch mal scheitern und neu angehen. Und dabei versuchen, das Familiengefüge in Balance zu halten. Denn alle brauchen unterschiedliche Dinge: das jüngste Familienmitglied, die anderen Kinder, die Eltern als Einzelpersonen und als Paar.

Das klingt für manche Ohren nach einem unerklimmbaren Berg und nach unerreichbarer Perfektion. Aber das ist es gar nicht. Es braucht nur Grundpfeiler, Zeit, Herz, Vertrauen und Kommunikation. Es braucht ein Hinsehen, und es braucht Milde, besonders auch mit sich selbst. Der Weg wird holprig sein, aber der Weg ist schon das Ziel.

Es geht nicht ums (reibungslose) Funktionieren

Dahinter steckt ein großes Missverständnis, das unbewusst in vielen Köpfen wohnt: Man müsse nur die richtigen Verfahren kennen und anwenden und dann würde alles wie am Schnürchen laufen. Dann würden gar alle nach der eigenen Pfeife tanzen. Margarinewerbung. Friede, Freude, Eierkuchen. Keine Konflikte, kein Stress – keine sich widersetzenden Kinder, keine zornigen Eltern.

Dahinter steckt auch der Wunsch nach einem Allheilmittel, die Vermutung, Experten für Kindheit und Pädagogik hätten „*den* Schlüssel“ in der Hand, und man müsse ihnen nur lange genug zuhören, dann könne auch bei einem selbst zu Hause alles immer rund laufen. Schließlich wird uns ja auch oft genug gesagt: „Sei doch einfach ein bisschen konsequenter, härter, klarer, achtsamer ... Dann passiert so eine peinliche Situation im Supermarkt, im Café, am Spielplatz, bei Oma ... nicht mehr, dann gibt es kein riskantes Verhalten mit Freunden, mit Alkohol, mit Drogen!“

Doch zum einen sind viel **zu viele Faktoren am Leben und Reifen eines Menschen beteiligt** (Gene, Umfeld, Zufälle ...). Und **zum anderen ist gute Pädagogik eben kein Machtmittel**, kein Werkzeug, kein Garant für Funktionieren, sondern oft viel mehr Reflexion als Handeln.

Eltern, denen die Beziehung zu ihren Teenies das Wichtigste ist, möchten keine „schwarze Pädagogik“ voller Gewalt, Beschämung, Schuldsuche und Erniedrigung. Wir möchten verstehen, einschätzen, Kindern und Jugendlichen helfen, sich zu entwickeln – nicht sie verbiegen. Wir möchten auch ihre Empathie fördern und sie zu Kompromissfindungen anleiten, also uns Erwachsene nicht vergessen.

Es gibt keine Bedienungsanleitungen

Es gibt nur ein Repertoire an Ideen, um seine gute Grundhaltung zu finden. Als Prophylaxe. **Vorsicht ist besser als Nachsicht – so abgedroschen, so richtig!**

Wenn wir uns möglichst früh im Leben unserer Kinder darum bemühen, ihnen die hier im Buch geschilderten Stützpfeiler zu geben, werden sie den bestmöglichen Weg in ihr Leben gehen.

Wenn wir sie möglichst früh offen mit den Themen konfrontieren, die uns Sorgen machen und die für sie im Jugendalter zu Herausforderungen werden können, und diese gemeinsam abarbeiten, werden sie möglichst aufmerksam und sicher durch alle Schwierigkeiten gehen können.

Wenn wir sie respektieren und ernst nehmen, werden sie uns mit großer Wahrscheinlichkeit (und nach ihren Möglichkeiten) ähnlich begegnen. Und wir werden im Miteinander in ihr Erwachsenenleben starten.

Wir brauchen dafür keine Perfektion! Alle Eltern füllen den Weg in Beziehung so ehrlich wie möglich. Wir brauchen keine Angst! Vorsichtige Sorge und ein aktiver Umgang damit reichen aus.

Alles bleibt in ständigem Wandel – am besten auch wir!

Das müssen wir Eltern annehmen, möglichst gelassen bleiben und versuchen, in der Familie echte Freude aneinander zu haben. Dann sind wir die besten Eltern, die wir sein können, einschließlich aller Fehlversuche, allen Testens, Scheiterns, Wiederaufrappelns. Dann bleiben wir mit unserem Teenie ein gutes Team!

In den vergangenen Jahren habe ich viel mit Eltern und Fachpersonen zum Thema Pubertät gearbeitet. Den Satz, den immer alle am wichtigsten fanden, möchte ich auch dir zum Schluss mitgeben: **Unsere Teenies gehen nicht von uns weg, auch wenn es sich so anfühlt; sie gehen zu sich hin!**

LITERATUREMPFEHLUNGEN

Blakemore, Prof. Dr. Sarah-Jane: „Das Teenager-Gehirn". S. Fischer, 2018

Fritz-Schubert, Ernst: „Glück kann man lernen. Was Kinder stark fürs Leben macht". Ullstein, 2011

GEO Wissen Heft 41: „Pubertät: Auf der Suche nach dem neuen Ich". Gruner + Jahr, 2008

GEO Wissen Heft 65: „Pubertät: Von Aufbruch, Krisen und Chancen". Gruner + Jahr, 2019

Grach, Katja: „Wie sag ich's meinem Kind? Sex und Porno." e-Book im Selbstverlag, 2015

Juul, Jesper: „Grenzen, Nähe, Respekt: Auf dem Weg zur kompetenten Eltern-Kind-Beziehung". Rowohlt, 2009

Juul, Jesper: „Leitwölfe sein: Liebevolle Führung in der Familie". Beltz, 2018

Lutz, Leonie/Osthoff, Anika: „Begleiten statt verbieten: Als Familie kompetent und sicher in die digitale Welt". Kösel, 2022

Oerter/Montada (Hrsg.): „Entwicklungspsychologie". Beltz, 2002

Posth, Rüdiger: „Vom Urvertrauen zum Selbstvertrauen: Das Bindungskonzept in der emotionalen und psychosozialen Entwicklung des Kindes". Waxmann, 2007

Powell/Cooper/Hoffmann/Marvin: „Der Kreis der Sicherheit. Die klinische Nutzung der Bindungstheorie". G.P. Probst, 2015

Saalfrank, Katharina: „Kindheit ohne Strafen: Neue wertschätzende Wege für Eltern, die es anders machen wollen". Beltz, 2018

Saalfrank, Katharina: „Was unsere Kinder brauchen: 7 Werte für eine gelingende Eltern-Kind-Bindung". GU, 2016

Schneider/Lindenberger (Hrsg.): „Entwicklungspsychologie". Beltz, 2018

WEITERFÜHRENDE ADRESSEN

Aufklärung und Sexualität

Hilfe durch profamilia

Homosexualität

Schulmüdigkeit

Suchtberatung

Elternberatung

Caritas Beratung

Publikationen des Bundesgesundheits-ministeriums

Onlinewelt

KlickSafe

#nur30min Podcast

(Cyber-)Mobbing und Gewaltprävention

Weißer Ring e.V.

Mobbing

Skills 4 Life

Gewaltprävention

Gesundheit und Ernährung

Vorsorge

Bundeszentrale für gesundheitliche Aufklärung

Essstörung

Ernährung

Sekten und politische Gefährdungen

Sekten

Politische Bildung

Jugendschutz

Berufsberatung

Familienberatung

Caritas

Bindungsträume

Family Lab

Empfehlen und gewinnen!

Hat dir dieses Buch gefallen?

Dann empfiehl es bitte weiter und schreib eine aussagekräftige Bewertung in einem Buch-Shop deiner Wahl, auf deinem Blog oder in den Sozialen Medien. Aus der Bewertung sollte hervorgehen, was dir an dem Buch gefallen hat und für wen es besonders geeignet ist.

Als Dankeschön verlosen wir jeden Monat unter allen, die mitmachen, fünf humboldt-Ratgeber – mit etwas Glück bist auch du mit deinem Wunschtitel dabei.

Um an der Verlosung teilzunehmen, schick uns einfach den Link zu deiner Buchbewertung sowie deinen Wunschtitel aus unserem Programm an: presse@humboldt.de.

humboldt

... bringt es auf den Punkt.

Sicher und in guter Beziehung

- Der alltagsnahe Wegweiser für Eltern von Babys, Kleinkindern, Vor- und Grundschulkindern – Unterstützung und Tipps aus der bindungsorientierten Beziehung
- Mit anschaulichen Beispielen aus dem Familienalltag und beziehungsstärkenden Lösungswegen
- Für mehr Sicherheit und eine starke Eltern-Kind-Bindung

Stand 2023. Änderungen vorbehalten.

Inke Hummel

Nicht zu streng, nicht zu eng

200 Seiten
14,5 x 21,5 cm, Softcover
ISBN 978-3-8426-1662-2
€ 18,00 (D) / € 18,50 (A)

Der Ratgeber ist auch als eBook erhältlich.

humboldt
... bringt es auf den Punkt.

Bibliografische Information der Deutschen Nationalbibliothek
Die Deutsche Nationalbibliothek verzeichnet diese Publikation in der deutschen Nationalbibliografie; detaillierte bibliografische Daten sind im Internet über http://dnb.ddb.de abrufbar.

ISBN 978-3-8426-1622-6 (Print)
ISBN 978-3-8426-1623-3 (PDF)
ISBN 978-3-8426-1624-0 (EPUB)

3. Auflage

Die Ratgebermarke der Schlütersche Fachmedien GmbH
Hans-Böckler-Allee 7, 30173 Hannover
www.humboldt.de
buchvertrieb@schluetersche.de
www.schluetersche.de

Zum Zeitpunkt der Manuskripterstellung war es noch üblich, zum Teil die weibliche oder die männliche Form zu nutzen; nichtsdestoweniger beziehen sich Personenbezeichnungen gleichermaßen auf Angehörige des männlichen und weiblichen Geschlechts sowie auf Menschen, die sich keinem Geschlecht zugehörig fühlen.

Autorin und Verlag haben dieses Buch sorgfältig erstellt und geprüft. Für eventuelle Fehler kann dennoch keine Gewähr übernommen werden. Weder Autorin noch Verlag können für eventuelle Nachteile oder Schäden, die aus in diesem Buch vorgestellten Erfahrungen, Meinungen, Studien, Therapien, Methoden und praktischen Hinweisen resultieren, eine Haftung übernehmen. Insgesamt bieten alle vorgestellten Inhalte und Anregungen keinen Ersatz für eine Beratung, Betreuung und Behandlung.

Etwaige geschützte Warennamen (Warenzeichen) werden nicht besonders kenntlich gemacht. Daraus kann nicht geschlossen werden, dass es sich um freie Warennamen handelt.

Gedruckt mit mineralölfrei hergestellten Druckfarben und Strom aus erneuerbaren Energien. Die eingesetzten Klebe- und Bindestoffe entsprechen den derzeitigen Umweltstandards, die vom RAL-Institut für Gütesicherung und Kennzeichnung geprüft wurden.

Lektorat: Dateiwerk GmbH, Nathalie Röseler, Pliening
Covergestaltung: ZERO, München
Covermotiv: Shutterstock – artplay, notkoo, Paul Lesser, Picnote, rainbow27aa
Illustrationen: Stock.adobe.com: azzzya
Satz: PER Medien+Marketing GmbH, Braunschweig
Druck und Bindung: Gutenberg Beuys Feindruckerei GmbH, Langenhagen